LES GRANDS VINS DE FRANCE

Bordeaux

Bourgogne

Champagne-Alsace

Rhône et Loire

TROIS CONTINENTS

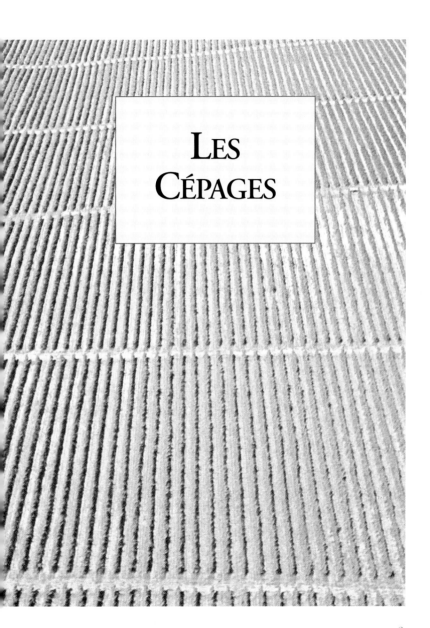

LES
CÉPAGES

Ous auons dit
plusieurs choses
des plantes des
vignes par de
uant quant nous nautios
de la commune nature des
plantes. Et a present en ce
quart liure nous voulons
parler de sa nature. Du la
bouraige des vignes et de
toutes manieres de vignes
et de tout le prouffit du fruit
en particulier.

De la nature de la vigne

ne en soy et de la vertu des
fueilles z des cendres et d
sa larme.

Arscun a congnois
sance des vignes que
cest fors que ce froides con
trees ou le fruit ne puet
croistre. Si conclus que cest
vne humble et ploiante
arbreillon moult tortue z
noeuse et rougneuse qui
a larges condius z vertus
et pres grant moelle z lar
ges et entretrenchees fueilles

D'après la Bible, la vigne fut créée le troisième jour avec les autres plantes (Genèse 1, 2).

«De bon plant, plante ta vigne». Le vieux dicton proclamant là une vérité élémentaire met surtout en évidence la part prépondérante du cépage dans la réussite finale : le vin qui luit dans notre verre.

Parmi les cépages producteurs de vins rouges cultivés en France, le véritable œnophile donnera la palme au *pinot noir* de Bourgogne, au *gamay* du Beaujolais, au *cabernet-sauvignon* du Bordelais, au *grenache* qui prospère le long du Rhône, en Provence, dans le Languedoc et le Roussillon. Il citera encore à l'ordre du jour le *malbec* et le *merlot*, compagnons du *cabernet*, le *cinsaut*, le *mourvèdre*, le *carignan*, le *savagnin* du Jura, le *muscat noir* de Frontignan, la *mondeuse* savoyarde et le *tannat* cultivé dans les Hautes-Pyrénées.

Les blancs proposent une gamme toute aussi riche. Voici le *chardonnay* qui confère leur distinction aux vins de Champagne et aux grands blancs de Bourgogne ; le *sauvignon blanc* et le *chenin* qui produisent les vins de la Loire et d'Anjou ; le *sémillon* des fameux crus de la Gironde ; le *muscadet*, la *clairette*, les *muscats blancs*.

Tous ces cépages offrent autant de crus, tour à tour corsés, fruités, vineux, pleins de sève...

Parfois, le producteur de vin se borne à un cépage unique ; parfois il choisit d'associer deux ou plusieurs cépages, ce choix étant dûment raisonné. Ainsi le vin de Médoc doit sa distinction au cépage de *cabernet* et sa sève au plant de *merlot* ; ainsi les cépages de *grenache*, de *mourvèdre*, de *syrah*, de *clairette* combinent leurs vertus et leurs caractères dans le délicieux CHÂTEAUNEUF-DU-PAPE, premier des vins des Côtes du Rhône.

LE CÉPAGE *HARSLEVELÜ* (FEUILLE DE TILLEUL) EST
D'ORIGINE HONGROISE ET IL N'A POUR AINSI DIRE PAS
QUITTÉ SON AIRE PRIMITIVE. MÉLANGÉ AVEC UN
AUTRE RAISIN, LE *FURMINT*, IL DONNE LE FAMEUX VIN
DE *TOKAJ*. PRÉCISONS QUE LE *TOKAY D'ALSACE* EST,
EN FAIT, UN *PINOT GRIS* ET NON UN *HARSLEVELÜ*.

LE *GRENACHE* PARAÎT ORIGINAIRE D'ESPAGNE OÙ IL A
POUR NOM *GARNACHA* OU *ALICANTINA*. APRÈS AVOIR
ÉTÉ DÉLAISSÉ, IL A TROUVÉ UN CLIMAT D'ÉLECTION
SUR LES DEUX VERSANTS DES PYRÉNÉES ORIENTALES
ET JUSQUE DANS LA BASSE VALLÉE DU RHÔNE.

PENDANT LONGTEMPS ON A CONFONDU LE
PINOT BLANC ET LE *CHARDONNAY*. ON TROUVE LE
PINOT BLANC EN BOURGOGNE, EN CHAMPAGNE ET EN
ALSACE. LE *PINOT BLANC* EST UN CÉPAGE NOBLE.

LE *CHARDONNAY* EST AUSSI APPELÉ *PINOT BLANC
CHARDONNAY*. IL EST RÉPANDU EN CHAMPAGNE,
NOTAMMENT DANS LA FAMEUSE "CÔTE DES BLANCS".
CE CÉPAGE DONNE AU CHAMPAGNE TOUTE SA
FINESSE ET AUX GRANDS VINS BLANCS DE
BOURGOGNE LEUR EXCELLENTE RENOMMÉE.

LE *RIESLING JAUNE* DE LA MOSELLE (CI-DESSOUS À
DROITE) EST UNE SÉLECTION DE *RIESLING* QUI
DONNE AUX VINS DE CETTE RÉGION LEUR
FRAÎCHEUR ET LEUR PLAISANTE ACIDITÉ.

LE *RIESLING* EST PAR EXCELLENCE UN CÉPAGE ORIGINAIRE
DES BORDS DU RHIN ET DE LA MOSELLE ; IL S'EST
PARFAITEMENT ADAPTÉ AUX DIFFÉRENTES RÉGIONS. LE
RIESLING DU RHEINGAU A SES CARACTÉRISTIQUES
PROPRES ; SURTOUT ON NE LE CONFONDRA PAS AVEC LE
RIESLING ITALICO QUI APPARTIENT À UNE TOUT AUTRE
VARIÉTÉ ET QUI DONNE UN VIN TRÈS DIFFÉRENT.

LE *PINOT NOIR* EST VRAISEMBLABLEMENT
ORIGINAIRE DE LA BOURGOGNE ; C'EST UN CÉPAGE
NOBLE QUE L'ON TROUVE DANS LES RÉGIONS DE
MÊME CLIMAT QUE SA PROVINCE D'ORIGINE. SON
NOM ALLEMAND EST *BLAUBURGUNDER*. LE JUS DU
PINOT NOIR EST INCOLORE ET C'EST LA MATIÈRE
COLORANTE CONTENUE DANS LA PELLICULE QUI,
LORS DE LA FERMENTATION EN CUVE, DONNE AU VIN
SA BELLE ROBE ROUGE, CHANTÉE PAR LES POÈTES.

LE *CHEMIN NOIR* FUT LA VIGNE PRIMITIVE DE
L'ANJOU. C'EST UN CÉPAGE VIGOUREUX ET FERTILE
DANS SA JEUNESSE ; IL DONNE UN VIN TENDRE,
CLAIRET, D'UNE BELLE COULEUR ROUGE. IL EST RESTÉ
CONFINÉ DANS LA VALLÉE DU LOIR.

9

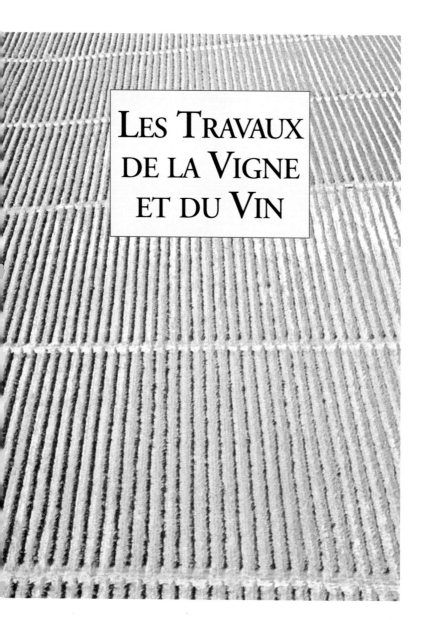

LES TRAVAUX
DE LA VIGNE
ET DU VIN

Mon grand-père était vigneron. Je me rappelle l'avoir vu actionner le pulvérisateur qu'on appelait, dans mon pays, la boille à sulfater et qui se chargeait sur le dos. Il portait alors un vieux canotier, une vieille veste, de vieux pantalons, de vieux brodequins, tout bleus de bouillie bordelaise qui colorait également sa moustache et ses gros sourcils. Je me rappelle aussi l'avoir vu manier la soufreuse à soufflet. Je me souviens encore des vendanges. On foulait les grappes à la vigne, dans des brantes – j'emploie toujours le langage de mon pays – qu'on allait verser dans un grand tonneau nommé bossette, bien arrimé sur un char. Le trajet jusqu'au pressoir était assez long. Là, en plein air, attendait une vaste cuve, appelée tine, mot qui nous vient directement du latin. On roulait la bossette sur deux madriers. Elle semblait vomir la vendange dans la tine dont le contenu était transvasé dans de nouvelles brantes qu'on allait vider sur le pressoir.

Le mécanisme du pressoir était mû par une poutre énorme appelée palanche. Au bout de cette dernière, il y avait une corde dont l'extrémité opposée serpentait en spirales autour d'une autre poutre, verticale celle-là, qui pivotait sur elle-même grâce à un engrenage de roues dentées, entraîné par une manivelle qu'actionnait un ouvrier. Toute la nuit on entendait le craquement des palanches, le gémissement des cordes, le refrain métallique des cliquets tandis que le moût coulait dans ses tuyaux vers la cave, tel qu'il était, sans aucune adjonction, avec ses propres levures. Et deux ou trois jours plus tard commençait le prodigieux travail de la fermentation.

Tout cela n'est pas très ancien et remonte à moins d'un demi-siècle. Il semblait alors qu'on prît plaisir à toutes ces opérations humaines et manuelles, à cette sorte d'artisanat,

perpétuant ainsi des traditions séculaires auxquelles le vigneron était profondément attaché mais qui, fréquemment, ne dépassaient pas le cadre local et confinaient à la routine. Et puis tout, ou presque tout, dépendait du travail de l'homme, cette machine perfectionnée, intelligente, cette source d'énergie qui ne coûtait pas grand-chose.

Aujourd'hui, les vignes de mon grand-père se cultivent à peu près de la même manière qu'il y a cinquante ans, parce qu'elles occupent des terrasses disposées sur des pentes abruptes et parce que leurs rangs sont relativement serrés. Il en est ainsi, un peu partout, dans les marches septentrionales du royaume de la vigne lorsqu'elle recouvre les coteaux. Ailleurs, dans les plaines, là où elle s'étale à l'aise, là où elle est disposée en cultures mi-hautes ou hautes, on a vu, depuis longtemps déjà, paraître les

machines, charrues vigneronnes, sous-soleuses pour les défoncements que l'on peut aussi pratiquer à coups d'explosifs.

Les tracteurs se promènent entre les lignes suffisamment espacées, tirant les engins qui nettoient le sol, qui opèrent les binages. On voit des pulvérisateurs perfectionnés, à traction animale et le plus souvent mécanique, des atomiseurs, d'autres appareils – parfois disposés sur des avions ou des hélicoptères – qui répandent insecticides, fongicides et autres ingrédients.

Le vigneron, qui ressemblait à un fantassin, s'est transformé en un combattant motorisé beaucoup plus efficace. Quant à la vinification, elle est devenue de plus en plus l'affaire des œnologues, qui sont des savants fréquemment penchés sur leurs éprouvettes, leurs microscopes, leurs appareils et mettent en formules les mystères du vin sans dédaigner toutefois les

expériences vinicoles transmises par tant et tant de générations, sans oublier de descendre dans les caves, d'y rencontrer le vin dans son propre habitat, afin de l'ausculter par la dégustation, de le guider, de l'élever comme cela s'est toujours fait.

En effet, si les moyens ont été perfectionnés, si pour gagner sa vie le vigneron a recouru aux progrès techniques et à la rationalisation, les travaux de la vigne et du vin sont restés fondamentalement et essentiellement les mêmes. Le thème présente quelques variations, selon les régions, les climats, les cépages. Mais le vigneron de France accomplit une tâche, des gestes à peu près semblables à ceux du vigneron de Bessarabie ou de Californie et sent chanter en lui les mêmes angoisses, les mêmes espérances, les mêmes satisfactions, les mêmes désillusions. Lié à sa vigne, il est soumis comme elle au rythme éternel des saisons.

Et si la machine accomplit aujourd'hui nombre d'opérations viticoles ou vinicoles, plusieurs travaux, par exemple la taille, ne peuvent et ne pourront s'accomplir que par la seule main de l'homme.

Quand faire commencer l'année de la vigne ? En novembre, sans doute, lorsqu'après les vendanges le vigneron a nettoyé à grande eau et à grands coups de brosse, pressoir, ustensiles, attirail, cuves et tonneaux, sans oublier de recourir à la mèche de soufre pour éviter la moisissure. Les dernières feuilles, désormais inutiles, quittent les sarments après avoir pris les colorations merveilleuses de l'automne: toutes les nuances de jaunes pour les cépages à raisins blancs, toute la gamme des carmins et des pourpres pour les variétés à raisins noirs. Ainsi dépouillée, la vigne s'accorde un peu de repos, du moins en apparence.

Le vigneron, lui, ne se repose pas. C'est la saison où, naguère, les femmes et les enfants arrachaient les échalas en bois et les couchaient par groupe de six, bien étendus dans le rang. Aujourd'hui, de plus en plus, on laisse l'échalas sur place. D'ailleurs, l'échalas métallique est apparu depuis longtemps. D'autre part, la culture en gobelet, où les sarments s'appuient sur l'échalas central, semble peu à peu céder le terrain à la culture sur fil de fer.

Sous le ciel aimable de l'été de la Saint-Martin, le vigneron remonte la terre de ses vignes en pente, dure besogne accomplie autrefois à la hotte, si bien que le même homme, au bout de quelques années, pouvait prétendre avoir porté toute sa vigne sur son dos.

Maintenant, on utilise les brouettes automotrices qui crépitent de toutes parts. Mais il a fallu tout d'abord faire un travail de terrassier, creuser des tranchées au bas de la vigne, tout au long des murs. Et ces murs découvrant leurs plaies et leurs

blessures, il a fallu prendre la truelle, se transformer en maçon qui répare et recrépit. « Mortier d'hiver, mortier de fer », affirme un ancien dicton.

Terres portées de bas en haut, murs consolidés, notons bien que cela concerne les vignobles échelonnés au flanc des coteaux et non point les vignobles de plaine.

Dans les uns comme dans les autres, l'automne est la saison des labours ou buttages, accomplis par les charrues qui soulèvent et retroussent la terre tout au long des rangs. Il faut aussi arracher les vieilles vignes dont les souches tourmentées, noires et rugueuses, alimentent parfois encore le feu du vigneron.

Bien entendu, pendant ce temps, le vin nouveau a exigé des soins, une constante surveillance. Nous en parlerons tout à l'heure et raconterons sa belle histoire.

Pour l'instant, restant à la surface de la terre, nous verrons les vignerons se mettre à l'abri du froid et du mauvais temps afin de réparer ses outils et accessoires, fendre les échalas, les appointir, les imprégner au goudron ou au sulfate. C'est en hiver encore qu'il prépare la paille destinée à attacher les sarments, mais qui est remplacée de plus en plus par des

anneaux métalliques ou en matière plastique. Lorsqu'on a Noël derrière soi, le temps va vite. A fin janvier, quand les jours s'allongent, le vigneron se sent poussé par une force obscure qui le conduit à saisir son sécateur. «Si nous voulons boire, dit un vieux proverbe français, taillons avant la Saint-Grégoire», laquelle est le 12 mars.

En ce qui concerne la taille, il y faut beaucoup d'expérience et de prudence. Il s'agit de conduire la plante, de maintenir la souche dans des dimensions convenables, et surtout de régulariser la production, le fruit futur venant sur les pousses issues de sarments de l'année précédente. Il faut donc tailler judicieusement ces sarments et, comme Janus, le dieu aux deux visages opposés du premier mois du calendrier, supputer l'avenir en tenant compte du passé.

Le vigneron sait qu'un cep trop vigoureux donne peu de fruit tandis qu'un cep plus faible en produit beaucoup, mais risque de s'épuiser. Il sait que les pousses éloignées de la base du sarment sont les plus fructifères.

Il sait cela et beaucoup d'autres choses. En maniant son sécateur, il fait preuve d'intelligence, de prévoyance, guidant à

l'avance le développement des rameaux. S'il taille court, en ne gardant que deux ou trois bourgeons, il entend ainsi ménager le cep et ne pas le forcer à une production démesurée. S'il taille long, en laissant plus de trois ou quatre bourgeons par rameau, il cherche à obtenir une récolte plus abondante. Le cep en est-il capable ? C'est au vigneron d'en juger. Maître avisé, il ne décide rien à la légère afin que la vigne – laquelle originellement est une liane exubérante – se plie avec docilité à l'ordonnance qui lui est assignée et qui varie selon les régions, les cépages, le sol, le climat : cultures basses, moyennes ou hautes, formes en cordon, en espalier, en gobelet. Il y a là toute une technique, mais aussi tout un art et comme une alliance entre l'homme et le végétal.

L'hiver est bientôt derrière nous. Les sarments taillés pleurent, chaque corne portant sa perle brillante. Les bourgeons,

encore emmitouflés de leur duvet cotonneux, sont prêts à débourrer. Le vigneron connaît ses premières angoisses : le gel peut en un moment s'abattre sur les jeunes pousses. Alors il faudra soigner la vigne toute une année fidèlement mais sans espoir de vendange. Dans les vignobles septentrionaux, cette menace est suspendue jusqu'à la fin d'avril, voire jusqu'en mai, le mois des saints de glace.

N'allons pas trop vite et parlons du greffage, indispensable depuis l'arrivée du phylloxéra, puceron minuscule émigré d'Amérique au milieu du siècle dernier.

S'attaquant aux racines, la terrible bestiole provoque des ravages qui eussent abouti à l'anéantissement du vignoble européen si l'on n'avait imaginé et appliqué la parade appropriée. Avant la taille, le vigneron lève précieusement dans ses vignes les sarments qu'il a sélectionnés. Quelques semaines plus tard, mettant à profit les jours de giboulées et de mauvais temps, il découpe les bois américains qui bientôt recevront les greffons. Il disposera les greffes dans des caisses pleines de sciure humide qu'on empile dans un local surchauffé. En mai, elles seront plantées en pépinière.

Tout cela demande des soins, de l'adresse. Le vigneron préfère parfois se décharger de cette mission sur le pépiniériste.

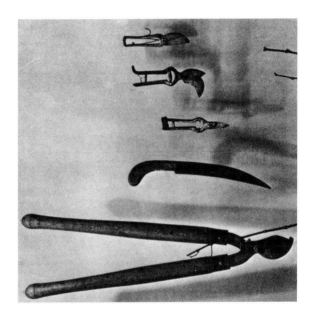

Décidément, nous voilà hors de l'hiver. Du sol, les vapeurs montent sous le soleil matinal. Les premières fleurettes se risquent au pied des murs. Le teuf-teuf des machines se met à bourdonner. C'est en effet le moment des débuttages.

Ces labours de printemps vous laissent un vignoble bien propre, bien net, agréable à contempler avec ses fils de fer retendus et revisés, courant à perte de vue, ou avec ses échalas dressés comme les piques d'une immense armée de lansquenets alignés pour la bataille, avec ses terres où les mauvaises herbes de toutes espèces n'ont pas encore montré le nez et au sein desquelles le

fumier a été caché à moins qu'on ait préféré répandre des fumiers desséchés ou des engrais minéraux, comme cela se pratique de plus en plus.

Depuis le débuttage et jusqu'à la fin de l'été, si l'on ne recourt pas uniquement aux produits herbicides, la houe motorisée passera plusieurs fois entre les rangs, remplaçant l'homme qui, il n'y a pas longtemps encore, raclait la mauvaise herbe, du printemps à l'automne, avec une pathétique obstination. Le fils du vigneron s'est libéré de cette servitude. Le moteur lui permet de faire aussi bien, plus rapidement.

C'est au printemps qu'il faut arracher la pépinière, tailler les pieds, les paraffiner, les mettre en jauge dans du sable et en un endroit frais afin qu'ils ne débourrent pas jusqu'à la plantation à demeure. C'est encore au printemps, dès l'éclosion des bourgeons, que l'on opère les premiers traitements contre les parasites, insectes et cryptogames. Cette lutte se poursuit sans désemparer jusqu'à quelques semaines des vendanges.

L'araignée rouge entre tout d'abord en scène, bientôt suivie par les premières évolutions de chenilles, par les premiers ballets de papillons. Les champignons ne tardent guère. Le drame

a commencé. Le vigneron en connaît d'avance le programme et les personnages aux noms bizarres.

Parmi les parasites animaux, dont le phylloxéra est le plus redoutable, voici les coléoptères: l'altise de la vigne, qui s'appelle aussi pucerotte et dont les larves dévorent le dessous des feuilles ; l'eumolpe «gribouri», appelé également écrivain parce qu'il découpe sur les feuilles de petites lanières ressemblant à des écritures tandis que sa larve s'attaquera aux racines ; le rhynchite,

nommé encore cigarier parce qu'il provoque l'enroulement des feuilles en forme de cigares à l'intérieur desquels nichent les larves. Des charançons de divers acabits complètent cette horde.

La pyrale de la vigne, les deux générations annuelles de la cochylis ou teigne de la grappe, les quatre générations de la tordeuse de la grappe ou eudémis sont de très jolis papillons volant à la tombée de la nuit ou dansant au clair de lune et dont les chenilles, communément nommées vers de la vigne, ravagent les feuilles ou la grappe, avant, pendant et après la floraison.

Penchons-nous maintenant sur les champignons. Il y a d'abord l'oïdium dont les filaments recouvrent les organes verts et y infiltrent leurs sinistres suçoirs, puis le mildiou, ennemi de la feuille, du rameau, de la grappe qu'il dessèche, brunit et grille. Il y a le black-rot, venu lui aussi d'Amérique, et les champignons

provoquant le rot blanc, autrement dit l'excoriose, qui s'installe après la grêle; enfin les champignons suscitant le pourridié, maladie des racines, ou la pourriture grise, maladie des raisins, ou encore l'apoplexie, ultime et mortel phénomène d'une maladie de la souche. Cette vermine proclame son droit à l'existence sous le regard du Créateur. Si on la laissait proliférer, la vigne n'en aurait plus que pour quelques années.

L'homme de la vigne, alertant derechef l'homme de laboratoire, lui a demandé de faire intervenir la science et la technique en élaborant toutes sortes d'ingrédients, de bouillies, de poudres, en imaginant toutes sortes d'engins, depuis l'humble soufflet, depuis l'ancien pulvérisateur à dos dont le levier était actionné à la main, jusqu'aux soufreuses autotractées, jusqu'aux pulvérisateurs motorisés, jusqu'aux atomiseurs. Fleur de soufre, soufre mouillable, sulfate de cuivre, chaux, carbonate de soude,

acides, perchlorures, oxydes, hydrates, bioxydes, arsenic, nicotine puis enfin produits concentrés et à effets multiples appelés fongicides de synthèses, qui réunissent plusieurs remèdes en un seul et simplifient les opérations, toute cette chimie est dispensée par le viticulteur, penché sur sa vigne comme une mère sur son enfant et, par ses soins, ses prévenances, ses interventions, la conduisant à bonne fin.

Il y faut de l'exactitude, de l'opiniâtreté. Il y faut de l'amour, et l'amour est patience. On ne peut compter les heures quand l'ouvrage presse ; les jours sont alors les plus longs et le temps du sommeil trop bref. Rude effort qui mérite sa récompense, qui porte en lui l'espoir de sa récompense, mais aussi l'acceptation d'une éventuelle frustration. La patience et l'espérance feront alors place à la résignation, laquelle n'est point faiblesse ni abandon mais courageuse sagesse. Car un an chasse

l'autre et la même vigne vit de longues années, bonnes, médiocres ou mauvaises.

La lutte contre les parasites, qui commence au printemps, se conduit parallèlement aux autres travaux viticoles, notamment ceux de la feuille, appelés effeuilles dans certaines régions. Il s'agit d'une taille en vert, pratiquée sur les jeunes pousses et complétant la taille sèche. Les premières de ces opérations sont l'ébourgeonnement et l'épamprage par lesquels, dès que la vigne a débourré, on enlève les bourgeons inutiles, les rejets se développant au pied des souches puis les bourgeons et les pousses ne contribuant pas à la réfection, à la formation du cep ou qui ne sont pas situés sur les bois de taille, bref toute végétation gourmande.

Cette besogne délicate, demandant des connaissances précises, prépare et facilite la prochaine taille d'hiver en tenant

compte de la vigueur de la plante. Précoce dans les vignobles méridionaux, elle est pratiquée un peu plus tard dans les régions sujettes aux gelées.

Comme la vigne n'attend pas, il faut faire vite, mobiliser de la main-d'oeuvre supplémentaire et compétente.

Ensuite vient le pincement, pratiqué avant la floraison pour éviter la coulure. On supprime l'extrémité des pousses herbacées, régularisant ainsi la végétation.

Plus tard et jusqu'en août, on opère de nouveaux écimages ou rognages, mais l'utilité de cette pratique semble être mise en question. Complétant les travaux de la feuille, il faut encore attacher les sarments aux échalas ou aux fils de fer conducteurs avec des liens de paille, de raphia, ou avec des anneaux.

Pendant dix à quinze jours au plus – car la grappe développe ses inflorescences progressivement, les unes après les autres – flottera sur le vignoble cette odeur exquise où l'on croirait reconnaître celle du réséda ou celle de l'encens. Un temps ensoleillé et chaud permet à la vigne de fleurir puis de nouer rapidement et dans de bonnes conditions. La pluie, le froid ralentissent la floraison et gênent la fécondation. Alors intervient la coulure qui peut être provoquée aussi par certains phénomènes de dégénérescence ou par un excès de vigueur du cep.

Supposons que tout se soit bien passé. La sortie des bourgeons a été bonne ; le gel nous a épargnés; la floraison s'est déroulée par beau temps ; il n'y a pas eu de coulure. La vermine a été combattue et vaincue. Les petits grains durs que la jeune grappe pointait tout d'abord vers le ciel s'inclinent maintenant vers le sol.

Peu à peu, les voici translucides. C'est la véraison. On dit alors, en certains pays, que le raisin traluit. Dans le même temps, les sarments commencent à s'aoûter : ils brunissent et deviennent ligneux. Le patron se promène, un pot de peinture à la main, marquant les souches sur lesquelles, dans quelques mois, il lèvera les greffons des plantations futures.

Tandis que la vigne accomplit ainsi sa troisième phase,

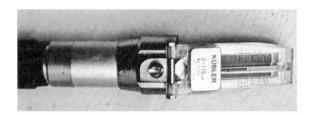

celle de la maturation, le vigneron peut enfin se reposer un peu. Cependant, jusqu'aux vendanges, une menace reste suspendue au-dessus de sa tête: ce brusque coup de grêle qui, malgré toute l'artillerie vigneronne expédiant ses fusées au cœur des nuages, peut s'abattre avec l'orage, saccager feuilles, rameaux et grappes.

Allons ! Quelle qu'ait été l'année, voici enfin, dans le grand ciel d'automne, le vaste envol des troupes d'étourneaux, friands de fruits mûrs et qu'effraie à peine l'explosion des pétards parsemés dans les vignes. Branle-bas des vendanges !

On commence par le grand nettoyage du matériel vinicole ; on le fait sécher au soleil. Sitôt le raisin parvenu à maturité, les vendangeurs se répandent dans les vignes. Le raisin s'empile en cageots sur des camions rapidement conduits au pressoir.

Le pressoir n'est plus celui de nos grands-pères, avec son socle de granit, son caisson et sa grosse vis verticale, mais un cylindre horizontal dans lequel passera la vendange après avoir été broyée dans une première machine. De fait, et surtout dans les grandes exploitations, dans les coopératives vinicoles, le pressoir est devenu une sorte d'usine où tout se fait plus vite, plus sûrement, où les manipulations sont beaucoup plus rares qu'autrefois. On actionne des boutons, des leviers pour mettre en train les forces électriques, hydrauliques, pneumatiques.

Dans certaines exploitations, on ne fait plus cuver les

raisins rouges, ce qui donne au vin sa couleur. Cette opération s'étend sur plusieurs jours. Elle nécessite un attirail important pour lequel il faut de la place, beaucoup plus, évidemment, que n'en prend le cylindre où l'on chauffe la vendange. Et voilà le rouge cuvé. Ces progrès, ces nouveaux procédés ne changent rien au phénomène qu'ils servent et dirigent, cette fermentation que les anciens attribuaient à quelque esprit surhumain et dont le mystère fut expliqué par Louis Pasteur.

Les levures, responsables de la fermentation, se trouvent sur la grappe, apportées par les vents, les insectes, fournies donc par la nature. Mais là encore on a domestiqué et corrigé la nature, dispensatrice du bon comme du mauvais. Il a fallu observer,

sélectionner, élever pour obtenir enfin de belles, de bonnes levures qui ne soient pas accompagnées de bactéries comme la tourne, la piqûre acétique ou autres maladies du vin ; de robustes, de saines, d'honnêtes levures évitent les fermentations languissantes et incomplètes. On les incorpore au moût après l'avoir aseptisé.

Lorsque la fermentation est enfin achevée, les levures ont accompli leur besogne; elles tombent au fond du vase où elles forment la lie du vin. En déposant ses lies, le jeune vin nouveau, trouble, laiteux, saturé de gaz carbonique, se clarifie tout seul. Le plus souvent, l'homme intervient. Il y a bien longtemps déjà qu'on pratique le collage, en délayant dans le vin des produits à base de gélatine, de blanc d'oeuf, de lait centrifugé qui entraînent au fond du tonneau les lies et toutes les impuretés. Ce procédé assez artisanal est remplacé par le filtrage, plus efficace, moins aléatoire et débarrassant le vin des germes suspects qu'il peut

contenir encore, premièrement ceux qui, ayant besoin d'air, se développent en surface : la bactérie de la piqûre acétique – et voilà notre vin qui se change en vinaigre –, le champignon de la fleur, s'étalant en mince pellicule blanchâtre qui affaiblit la richesse alcoolique.

Pour éviter ces accidents, le caviste soustrait le vin au contact de l'air, veillant à ce que ses vases soient entièrement remplis, ou utilisant la mèche soufrée dont la combustion supprime l'oxygène dans l'espace libre, au-dessus du liquide.

Plus dangereux encore, voici les germes évoluant dans les profondeurs et n'ayant pas besoin d'air. La tourne s'attaque volontiers aux vins mal fermentés et leur communique des saveurs repoussantes. La maladie de la graisse rend le vin filant, huileux et fade. Les vins rouges, pauvres en tanin et en acides, sont exposés à la maladie de l'amer.

C'est à peu près tout pour les bactéries. Diverses actions chimiques peuvent venir à la rescousse ! La casse brune madérise les vins nouveaux et leur donne un faux goût de vieux. La casse noire les afflige d'une vilaine teinte plombée. La casse blanche les rend troubles et laiteux. Quant aux relents et goûts de terroir, de croupi, de moisi, de fer, d'œuf pourri, etc., ils proviennent presque toujours d'erreurs ou de négligences : vendanges mal triées, futailles et caves mal entretenues, ce qui n'est pas le fait d'un vigneron avisé.

Ces accidents, ces maladies, on peut les prévenir en appliquant la propreté la plus absolue, depuis la vendange jusqu'à la mise en bouteilles. Le caviste doit aussi avoir l'œil sur le thermomètre. Le vin aime à se sentir au chaud lorsqu'il s'apprête à sa deuxième fermentation au cours de laquelle il perd l'excès de son acidité, tandis qu'il apprécie une certaine fraîcheur lorsqu'il se clarifie. Il s'agit de ne pas le contrecarrer. Il se montrerait alors

capricieux et indocile. En somme, le producteur pourrait se borner à quelques opérations indispensables: bien préparer sa futaille, administrer judicieusement les levures, encaver avec soin en utilisant comme il se doit la mèche soufrée, veiller au remplissage constant des vases, chauffer, rafraîchir, aérer la cave, effectuer au bon moment filtrage et transvasages. Si l'année a été convenable, si le vin contient les éléments qu'il faut en juste proportion, tout se passera bien.

Cependant, dans les limites fixées par le législateur, lequel a nettement précisé que le vin est pur jus de raisin fermenté, l'œnologue intervient, prescrivant telle opération afin de remédier à quelque carence, défaut ou déséquilibre, d'accélérer ou de retarder tel phénomène.

La cave est un lieu auguste, protégé, secret et comme réservé aux initiés formant une sorte de confrérie. Au plus haut échelon, nous trouvons le dégustateur.

impôts sont alors acquittés au départ. C'est un «acquit-à-caution» lorsque les vins vont à un négociant en gros, ou à l'exportation, les impôts étant alors différés (négociants) ou non perçus (exportation). Les acquits ou congés doivent contenir toutes les indications permettant d'éviter les fraudes : nom du vendeur, de l'acheteur, quantité transportée et détail des appellations revendiquées, moyen de transport, durée de celui-ci, etc. Les quantités ainsi sorties viennent en déduction des volumes enregistrés sur les déclarations de stock et de récolte de chaque producteur. Notons que ces pièces officielles sont obligatoirement imprimées sur papier de couleur verte lorsque la vente porte sur des vins à appellation d'origine contrôlée et sur papier bulle pour ceux sans appellation d'origine. Chez le négociant en gros le processus est le même. Il est tenu un compte particulier pour chacune des appellations, sur lequel s'inscrivent à l'entrée tous les acquits provenant des achats et, à la sortie, les acquits ou congés qui viennent en déduction de ces crédits.

La vérification des quantités restantes est donc facile ; c'est le travail de ce même service des contributions indirectes, qui fait deux recensements par an, et de la brigade de la répression des fraudes et du contrôle de la qualité, dont les interventions sont possibles à tout moment, non seulement dans les caves ou magasins mais aussi en cours de transport.

Il reste encore à expliquer, pour la Bourgogne, certaines appellations très connues que l'on trouve difficilement sur les cartes viticoles, par exemple : CÔTE DE BEAUNE-VILLAGES. Elles proviennent du fait que l'appellation donnée par la loi à un vin peut être modifiée, dans certains cas, mais toujours en une appellation inférieure en valeur. C'est ce qu'on appelle «déclasser» un vin.

Le déclassement est souvent volontaire, en général pour répondre à certaines exigences commerciales. C'est ainsi que de nombreuses appellations de villages peu connus sont difficiles à vendre sous leur propre nom, elles sont alors déclassées dans une appellation plus régionale : CÔTE DE BEAUNE-VILLAGES ou

Souvent, ambassadeur d'une clientèle, il engage sa responsabilité. Ou bien il est simplement l'hôte du propriétaire. En tout cas, c'est un artiste, doué d'enviables qualités anatomiques dont la première est une bonne vue afin de déceler dans son verre tout ce qui peut ternir ou voiler le limpide cristal du vin. Il dispose encore d'excellentes fosses nasales capables de saisir et humer le bouquet. Ses papilles gustatives sont particulièrement subtiles. Ayant examiné et respiré le vin, il le promène dans sa bouche, tout autour de la langue, tout au long des gencives; il le mâche, il le médite, faisant alors appel à sa mémoire ; il le soupèse, il ne le juge pas encore... pas avant de le laisser glisser enfin au fond de lui-même et d'avoir ressenti cette bouffée de chaleur qui lui permet d'apprécier la vinosité.

Il s'agit quasiment d'une cérémonie. On comprend bien, d'ailleurs, que le produit de la vigne soit ainsi honoré. Lorsque le verre tendu est élevé dans la cave, le vin luit comme s'il contenait la présence prolongée, ressuscitée, fixée d'un été fugitif et disparu, mais qui nous aurait ainsi légué sa lumière et sa splendeur. Il y a là une sorte de prodige dans lequel le vigneron trouve sa récompense et la justification de ce sentiment de fierté dont il ne se départit jamais tout au long des saisons, renouvelant sans cesse sa confiance dans la Nature et sa foi en l'avenir.

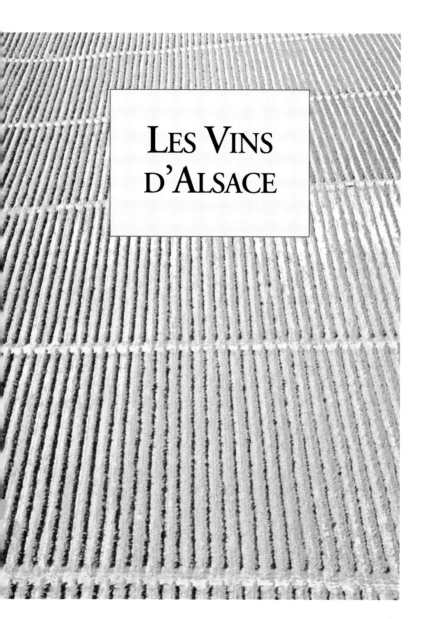

LES VINS
D'ALSACE

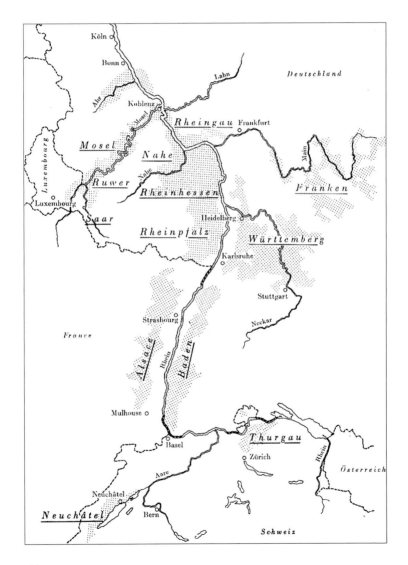

LES VINS DU RHIN

La vigne serait demeurée confinée dans le bassin du Rhône si le Rhin n'avait prolongé vers le nord son œuvre civilisatrice. Les deux fleuves, que l'on voudrait aujourd'hui rapprocher par un canal navigable, n'ont pas attendu les contraintes faites par l'homme à la nature pour se prolonger mutuellement et relier ainsi les terres du nord à celles du sud ; la fécondité des échanges n'a pas permis longtemps à la vigne de demeurer la propriété exclusive des Méditerranéens.

Des Grecs particulièrement hardis n'hésitent pas, au IVᵉ siècle déjà, à remonter le cours du Rhône jusqu'au Plateau suisse. Sans doute, établissent-ils, avant les Romains, des contacts avec les Celtes répartis le long du Jura jusqu'à Bâle et introduisent-ils chez eux les cépages qu'ils avaient acclimatés en Gaule. La romanisation, puis la christianisation progressive de l'Europe

centrale feront le reste à l'est, la barrière des Alpes franchie, la vigne s'implante partout dès que l'altitude le permet et se sédentarise autour des colonies de vétérans et des premiers cloîtres rhénans. Le relais est désormais assuré de Coire à Bonn, une nouvelle route du vin est ouverte.

Le berceau du Rhin, au moins du plus important de ses deux bras originels qu'on appelle le Rhin antérieur, n'est pas très éloigné de celui du Rhône. En effet, quelques lieues seulement séparent le ruisseau issu du lac Tuma du glacier de la Furka. Mais les deux fleuves se tournent résolument le dos, promis dès la montagne à des destins différents. Le Rhin, parti de plus haut, ira aussi plus loin et choisira moins vite sa direction définitive. La vigne grisonne, qui n'a pas l'audace de sa sœur valaisanne, n'apparaît qu'à 600 mètres d'altitude, au moment même où le Rhin met pour la première fois le cap vers le nord. Elle est

essentiellement constituée par des cépages rouges que l'on trouve d'ailleurs en majorité tout au long du Rhin supérieur. Le paysage, avec les Alpes pour toile de fond, confine souvent au grandiose. La langue des riverains, jusque-là romanche, fait place désormais aux divers dialectes de la Suisse orientale. En même temps, le fleuve impétueux, mais déjà dompté par l'homme, s'internationalise. Sa rive droite côtoie le Vorarlberg autrichien et la minuscule Principauté du Liechtenstein, où la vigne est rare, mais dont les gens, tournant leurs regards vers la Suisse, s'en sont toujours crus plus rapprochés que séparés par le Rhin au point de lier leur sort à celui de la Confédération.

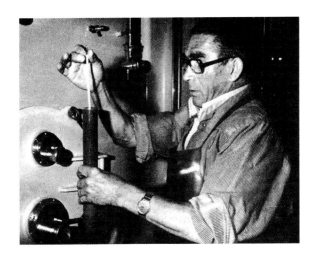

Mais voici le lac de Constance qui e⸱ ⸱rce ⸱⸱ le fleuve la même action lénifiante que le Léman sur le Rhône. Au nord, les premiers vignobles allemands, appuyés sur les contreforts naissants de la Forêt-Noire, semblent se mirer dans l'eau. En face, les plants rouges du Rheintal saint-gallois et de l'Unter⸱ ⸱e thurgovien donnent la réplique aux blancs de Bade. Saint-Gall, ce prestigieux bastion de la culture médiévale, n'est pas loin; un grain de plus à l'illustre chapelet de villes épiscopales et universitaires que formera le Rhin moyen : Constance, Bâle, Fribourg-en-Brisgau, Strasbourg.

En traversant le lac de Constance, le fleuve forme un coude prononcé, infléchissant brusquement son cours de l'est à l'ouest, direction qu'il conservera jusqu'à Bâle. Large de plus de cent mètres, il salue au passage le vignoble du Klettgau dans le canton de Schaffhouse, se resserre quelque peu sous la pression du Jura souabe, juste avant d'effectuer un bond impressionnant

de plus de vingt mètres qui le fait traverser en bolide les cantons de Zurich et d'Argovie. Là, tout en recommençant à longer au nord les vignes de Bade, il accueille sur sa gauche l'Aar dont le bassin fort étendu le relie à la plupart des lacs helvétiques. Ainsi sont rattachés au Rhin les vignobles de Zurich, du Jura bernois, de Fribourg et de Neuchâtel. Leurs rapports furent même étroits: preuve en soit l'alliance conclue au XVIᵉ siècle entre Strasbourgeois et Zurichois. Ces derniers, désireux de démontrer la promptitude de leur intervention, descendirent à forces de rames la Limmat, l'Aar et le Rhin, et parvinrent à Strasbourg en moins de dix-huit heures, «avant qu'un plat de mil ait eu le temps de refroidir». Quant à Neuchâtel, il faut remarquer que le vignoble a subi l'influence de la France, puisque le *riesling* traditionnellement rhénan y est supplanté par un cépage venu de l'ouest, le *chasselas.*

A Bâle, le Rhin devient adulte. Se heurtant à l'extrémité du Jura, il s'en va résolument vers le nord le long du couloir formé par les reliefs parallèles de la Forêt-Noire et des Vosges. Deux cent cinquante mètres le séparent encore du niveau de la mer : il lui faudra huit cent cinquante kilomètres pour les dévaler. La route du vin, ininterrompue sur la rive droite, ne reprend à l'ouest qu'à la hauteur de Mulhouse pour constituer le célèbre vignoble alsacien. Bien étagées sur les derniers contreforts vosgiens, exposées au soleil levant, soumises à un climat des plus propices, morcelées à l'extrême : telles se présentent les vignes de la France rhénane. Le Rhin lui-même depuis longtemps les a fait connaître à l'Europe, et, au Moyen-Age, plus d'un bateau transporta les précieux SILVANER et RIESLING aux cours du Souabe, de Bavière, et même au-delà des mers, en Suède et en Angleterre.

A l'est, la Forêt-Noire sépare les vignobles de Bade et de Wurtemberg, réunis aujourd'hui en un même Land. Très appréciés déjà dans l'Europe féodale, les vins du Neckar, tout comme ceux du Main, de la Moselle et de l'Aar, ont contribué à la gloire des vins du Rhin.

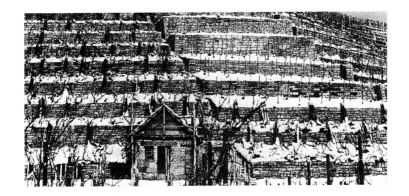

La forte concentration des cultures n'a nullement nui à la personnalité de chaque région: les vins rhénans, issus d'un petit nombre de cépages blancs, semblent tous se donner la main, mais chaque vignoble a son caractère propre que le voisin ne tend pas à imiter. Le Palatinat, où le fleuve nous entraîne maintenant, n'est que le prolongement naturel de l'Alsace et pourtant le terroir a changé : nous étions déjà acquis au Gewurztraminer, nous voilà charmés par les crus célèbres de Forst et de Deidesheim. Rien d'étonnant si nous hésitons, tant il est vrai que «dans le verre se tient le ciel, se tient le climat, se tient le pays». La mystique rhodanienne de Ramuz rejoint la mystique rhénane de Brentano ou d'Apollinaire.

De Karlsmhe à Mayence, le paysage se modifie insensiblement pour perdre sa rudesse ; le Rhin abandonne peu à peu ses sautes d'humeur dévastatrices : renonçant désormais à former des alluvions mouvantes entre ses bras multiples, il se répand en un large flot, ramassé dans un lit régulier, stable et profond, navigable, aux berges solides. Les villes, qui semblaient s'en écarter prudemment jusque-là, s'établissent au plus près du fleuve, telle Worms dont l'altière cathédrale romane surveille la maturation des vins palatins au sud, de la Hesse rhénane au nord.

Parvenue à Mayence, la vigne emprunte à l'est la voie tortueuse du Main pour sillonner la Franconie, et tente ainsi avec succès une incursion en terre bavaroise, fief apparemment inexpugnable du houblon. Sur l'autre rive, à Bingen, à l'instant même où le Rhin se dégage enfin de la gigantesque courbe qu'il avait tracée en aval de Worms, la Nahe vient à son tour recueillir l'héritage de la vigne pour l'emporter dans la Hesse rhénane.

Nous arrivons au cœur de l'Allemagne romantique. C'est le décor fantastique des burgraves pillards et des elfes, des carnages et des sortilèges. Fürstenberg, Gutenfels, la Pfalz, cette menace jaillie des flots du Rhin, la Katz et la Maus qui se narguent encore, Rheinfels : autant de tours décapitées, de donjons édentés, d'ombres massives et inquiétantes, entre lesquelles, miracle de vie parmi tant de mort, serpentent, de part et d'autre du fleuve, les vignes de la basse Rhénanie.

A Coblence, au confluent de la Moselle et non loin de celui de la Lahn, la route du vin dessine un trident dont la pointe médiane ira jusqu'à Bonn. Là, parvenue à la limite septentrionale de l'aire que lui avait imposée la nature, la vigne se raréfie. Rotterdam et la mer sont encore loin, trop loin pour que le vin y parvienne jamais autrement qu'importé. Mais ne serait-ce que sur la moitié de son cours, le Rhin fournit par l'histoire de sa vigne un exemple probant de ce qu'une voie naturelle peut apporter à l'homme pour accroître son profit ou son plaisir. En dépit de beaucoup d'épisodes sanglants, il n'y eut pas sur le Rhin qu'un en deçà et un au-delà, une rive gauche et une rive droite: il y eut aussi et surtout un amont et un aval, route mouvante où se propagèrent au fil des siècles la technique de l'imprimerie, l'humanisme d'un Erasme, la mystique romantique et, plus récemment, l'esprit de l'Europe. Fêtée ici plus que partout ailleurs, la vigne n'aura pas moins, quoique de façon plus occulte, contribué à l'élaboration d'une prise de conscience rhénane.

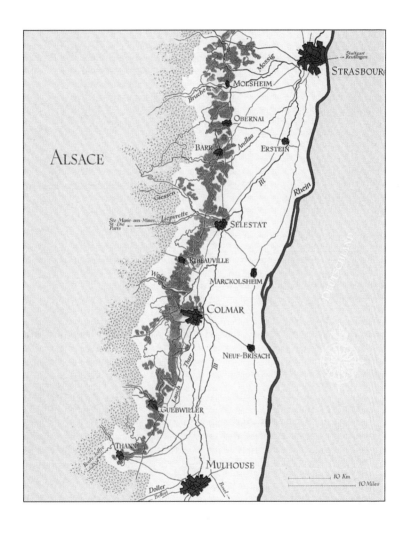

LES VINS D'ALSACE

L'Alsace se trouve dans un fossé d'effondrement d'axe nord-sud provenant d'un massif ancien dont il reste des vestiges, les Vosges à l'ouest et la Forêt-Noire à l'est. Fermée au sud par le Jura, au nord par les collines de la Basse-Alsace, elle forme une cuvette au climat continental froid en hiver, chaud en été, avec un maximum de précipitations en juillet et août et un minimum en hiver.

Le vignoble alsacien occupe les collines sous-vosgiennes de Thann au sud, de Marlenheim au nord, c'est-à-dire entre la Trouée de Belfort et le col de Saverne, seules ouvertures aux influx venant de l'ouest et rompant l'équilibre thermique et climatique de cette partie de l'Alsace dont le centre est Colmar, placée

sensiblement sur le 48ᵉ parallèle. Les vents dominants sont ceux du sud en hiver et ceux du nord en été, Les jours de gel à Colmar se chiffrent, selon une moyenne calculée sur cinquante ans, à une soixantaine par an ; ils sévissent jusqu'au début de mai, lors des funestes saints de glace. Toutefois, les dégâts sont relativement rares et restent localisés. Cela est dû à la situation du vignoble à une altitude comprise entre 180 et 400 mètres – c'est-à-dire au-dessus des brouillards qui se forment dans la plaine – où l'ensoleillement et les conditions géologiques d'accumulation thermique sont bien supérieurs à ceux de la plaine. La moyenne thermique annuelle de Colmar est de 10,8° C ; dans les coteaux elle dépasse cette température de quelques dixièmes. Les collines sous-vosgiennes se trouvant dans l'ombre pluviométrique des Vosges, les précipitations y sont faibles, entre 500 et 700 millimètres par an.

L'état climatique dans lequel se trouve le vignoble alsacien est donc en définitive très favorable à la culture de la vigne. Le

cycle végétatif annuel se déroule en moyenne comme suit: débourrement à mi-avril, floraison à mi-juin, véraison à mi-août et vendanges vers le 10 octobre, ce qui donne aux raisins une durée de développement d'environ ils journées, échelonnées sur un printemps généralement beau, un été chaud et orageux et, enfin, un automne ensoleillé. Le vignoble alsacien profite en outre de conditions géologiques exceptionnelles. Les collines sous-vosgiennes sont en effet l'affleurement de la faille d'effondrement et présentent une structure géologique très complexe : roches triasiques, liasiques, jurassiques oligocènes y voisinent; elles sont coupées par des alluvions modernes, partiellement recouvertes par des anciennes graveleuses, par des talus d'éboulis d'origine glaciaire ou encore par des placages de loess provenant de la plaine.

Ces conditions climatiques et géologiques permettent de dégager les caractéristiques particulières du vin d'Alsace par rapport à d'autres vins et les principes de la viticulture alsacienne.

CARACTÉRISTIQUES DU VIN D'ALSACE

Le vin provient de la fermentation du jus de raisin – cela est bien connu – et celui-ci possède à l'état latent toutes les qualités auxquelles le vin peut prétendre par la suite. On ne peut jamais améliorer un vin, on ne peut que lui conserver les qualités qu'il possède. La chaleur emmagasinée au cours du processus de maturation se traduit par la concentration en sucre et détermine la force subséquente du vin ; le terroir en forme le corps, et les variations de température, sous l'influx d'air froid d'origine continentale ou océanique, en module la finesse. Si donc on passe d'une région chaude à une autre plus fraîche, la teneur en sucre diminue, la force fléchit ; par contre, l'acidité augmente pour atteindre sa valeur maximale admissible près de la limite septentrionale de la culture viticole, cependant que les arômes

du fruit s'affinent pour se perdre enfin dans la verdeur. La démonstration de cet état de choses se fait, en suivant les vins blancs, du midi vers le nord, par l'étude du rapport relatif existant entre leurs deux éléments conservateurs antagonistes, l'acidité et le sucre. Un vin blanc d'origine méridionale possède naturellement un excès de douceur naturelle et une acidité peu conséquente (BORDEAUX, MONTBAZILLAC...). A partir d'une certaine latitude tout le sucre est fermentescible : on obtient alors un vin sec. Si l'acidité est relativement faible, le vin s'affine par un

59

développement du corps (Bourgognes et en particulier
Mâcon) ; si elle augmente, les arômes du fruit sont plus
prononcés et plus délicats, les vins deviennent fruités. Si enfin
l'acidité naturelle du jus de raisin est importante, la vinification
devient difficile, car il s'agit à la fois de chercher à abaisser la
concentration d'acide et d'accentuer la douceur compensatrice,
ce qui suppose une grande adresse œnologique.

En Alsace, la vinification est simple : elle est d'ordre purement conservatoire. Le degré alcoolique se situe couramment entre 11 et 14° et, les bonnes années, de nombreux crus conservent du sucre résiduel, quelques grammes par litre. L'acidité tartrique des vins faits est comprise entre 5 et 7 grammes par litre. Les conditions de stabilité du vin sont donc excellentes. Toutefois, pour garder au vin d'Alsace son originalité, il est indispensable de lui conserver son arôme de fruit c'est-à-dire son fruité, son caractère de jeunesse. Pour cela il faut absolument éviter toute oxydation qui rendrait nécessaire une vinification à la bourguignonne et modifierait totalement le type de ce vin. Ce détail œnologique est très délicat et demande une surveillance continue; il explique le refus que le vigneron alsacien oppose à la livraison de son vin en fûts, et à la mise en bouteilles dans la cave d'origine dès le mois de mai.

En conclusion, les vins d'Alsace ont trois caractères fondamentaux : la fraîcheur, le fruité et la jeunesse, dus à un équilibre ternaire entre le corps, l'acidité et les arômes du fruit, L'impression qui s'en dégage est une sensation de finesse, de délicatesse et de race, variable avec le cépage et la relation entre les trois éléments constitutifs. L'amateur habitué aux vins moelleux se trouve un peu surpris à la première gorgée de vin d'Alsace, car l'équilibre ternaire qui le caractérise est une originalité dans la production française et même allemande, mais rapidement il prend goût à ces vins séduisants, de bonne descente, cachant sous des abords frais une étoffe plus ou moins luxueuse; ils sont toujours naturels, francs et honnêtes.

PRINCIPES DE LA VITICULTURE ALSACIENNE

La viticulture alsacienne est régie par les impératifs climatiques et géologiques de son vignoble et par la tradition.

Il n'existe aucun vignoble – abstraction faite de certaines cultures en Europe centrale, climatiquement semblables – où la vigne prend un développement végétatif aussi important qu'en Alsace. Tirée sur cordons, elle atteint couramment 2,40 mètres de haut et porte une récolte conséquente, Le vignoble est donc porté naturellement à une production quantitative, vers laquelle on a toujours cherché à le pousser, alors que la sagesse du vigneron alsacien, profitant de l'extrême variété géologique des terrains viticoles, s'est toujours appliquée à un encépagement approprié pouvant conjuguer les besoins du marché et le maintien indispensable de la qualité des vins.

Dans divers ouvrages, il a été écrit que le vignoble alsacien a subi une réduction notable de superficie. En réalité depuis des siècles il est resté sensiblement le même à peu de choses près, étant bien entendu que, sous la dénomination «vignoble d'Alsace», il faut comprendre la région viticole traditionnelle se trouvant sur les collines sous-vosgiennes, soit environ 14 000 hectares en production et 2 000 à 3 000 hectares en friche ou en extension, selon le cycle normal de culture. Toute cette région est reconnue officiellement depuis 1961 comme vignoble d'Appellation d'Origine Contrôlée (A.O.C.). Elle produit annuellement une récolte d'environ 1 123 000 hectolitres de vins, blancs à 99%.

Cette délimitation est le résultat d'efforts constants depuis de longues années pour retrouver la stabilité, le contrôle de la qualité – jadis en usage dans les villes et villages du vignoble qui mettaient tout en œuvre pour réduire, voire supprimer, les cultures viticoles en plaine – et pour interdire les cépages grossiers dont les rendements sont trop élevés.

Un décret ministériel ayant force de loi, paru en 1945, a défini les cépages autorisés. Leur nombre a été réduit : ne sont conservés que ceux qui fournissent la qualité la plus sûre. On distingue les cépages nobles : *riesling, muscat, gewurztraminer, pinots* (*blanc, gris* ou *tokay d'Alsace, rouge*) et le *sylvaner* – et les cépages courants : *chasselas, knipperlé* et *goldriesling*. Tous les autres qui figuraient dans les anciens inventaires ont disparu.

Ces cépages sont fort anciens ; la plupart, mentionnés dès le XVIᵉ siècle, ont été sélectionnés par tradition séculaire et par plantation réfléchie. Chacun nécessite un terrain approprié, le calcaire fournissant la légèreté et l'élégance, l'argile le corps et l'étoffe. Alors que le *sylvaner* est assez indifférent à la nature du sol, les *pinots* préfèrent le calcaire, le *muscat* et le *gewurztraminer* les terrains argileux, le *riesling* par contre réussit mieux dans les formations primaires. Etant donné l'extrême variété des terres, chaque commune est en mesure, naturellement avec plus ou moins de bonheur, de cultiver la majorité des cépages.

LES CÉPAGES ALSACIENS

Le Zwicker est un vin léger et aimable sans grande prétention, qui se débite en carafe. Il est issu de divers cépages, généralement de *chasselas*, et obligatoirement d'un cépage noble.

Le Sylvaner est plus fruité, plus nerveux, avec un semblant de pétillant, et très agréable à boire. Il atteint une bonne classe à Barr; il est bien corsé dans le Haut-Rhin et affriolant à Westhalten.

Le Pinot Blanc est un vin très équilibré; c'est un monsieur discret et distingué, actuellement fort bien en cours auprès du public.

Le Tokay d'Alsace, issus de *pinot gris*, est un grand vin d'une rare élégance possédant une charpente majestueuse et le plus voluptueux des crus alsaciens, s'il se pare d'un moelleux séduisant. Il s'appelle Tokay par tradition, car une vieille légende raconte que le général Lazare de Schwendi, guerroyant en Hongrie contre les Turcs vers 1560, en rapporta des plants de vigne qu'il fit cultiver dans sa serre de Kientzheim. Il est toujours produit autour de Kientzheim dans la région centrale du vignoble haut-rhinois, entre Eguisheim et Bergheim, où se trouvent les noms les plus connus des terroirs alsaciens.

Le Muscat d'Alsace est le vin le plus bouqueté mais aussi le plus frais de la gamme des vins d'Alsace. Son fruité est très caractéristique ; il restitue fidèlement la saveur du raisin frais.

Le GEWÜRZTRAMINER, que les Parisiens appellent
«Gewurz» et d'autres seulement «Traminer», est la grande spécialité
alsacienne. Ce vin s'habille de velours, embaume, brille et séduit
les femmes, car il est puissant et charmeur.

Le RIESLING est un vin fin et distingué, d'une grande
élégance, mais d'une retenue altière. Délicat et frais, il exhale un
bouquet fin et discret. Un grand nombre d'Alsaciens, pourtant
démocrates dans l'âme, acclament le RIESLING comme leur
empereur : affaire de goût ! Les RIESLING, de Turckheim à
Bergheim dans le département du Haut-Rhin et autour de
Dombach dans le Bas-Rhin, sont très appréciés. Ces vins
acquièrent en vieillissant de remarquables qualités.

DU PRESSOIR
À LA TABLE DU CONSOMMATEUR

Il y a quelques années encore, toute la récolte de raisin était pressurée par le producteur et le vin était vendu par tonneaux entiers dans la cave du vigneron, après dégustation, comparaison et discussion de prix avec l'acheteur négociant, l'aubergiste ou le particulier, par l'intermédiaire d'un gourmet, commissionnaire en vins. Depuis 1945, le vignoble alsacien a subi une mutation importante et nécessaire mais néanmoins un peu regrettable. Autrefois, tous les vignerons avaient dans leurs caves leurs propres vins. On se rendait visite, on dégustait, on riait, on passait des nuits entières dans les chais, on chantait, on vidait les verres en mangeant du lard ou du jambon fumé.

Maintenant on ne trouve plus cette ambiance que chez certains vignerons importants, les manipulants qui rentrent leurs raisins, vinifient leurs vins et vendent ceux-ci directement aux consommateurs. Bien des caves de vignerons sont vides et les magnifiques fûts de chêne sonnent creux : on vend ses raisins au négoce ou on les amène à la coopérative qui procède alors aux diverses opérations de vinification et de vente, La poésie a perdu une part de son sourire, mais la qualité des vins a gagné une bataille.

Négociants-viticulteurs, coopératives, viticulteurs manipulants ne commercialisent pas leurs vins en barriques, ou très rarement, mais essentiellement en bouteilles dites «flûtes d'Alsace», d'une contenance de 72 centilitres pour les vins de qualité ou de un litre pour les vins de carafe, après une mise opérée dès mars pour les vins courants et à partir de mai ou juin pour les vins de qualité. Toutes ces bouteilles portent une étiquette avec la mention obligatoire «Appellation Alsace Contrôlée», complétée généralement par l'indication du cépage et le nom du fournisseur. Parfois, on ajoute des dénominations comme «grande réserve», «grand vin», «vin fin», termes conventionnels pour des crus ayant une puissance native obligatoirement supérieure à 11°.

Le consommateur reçoit donc des vins qui se trouvent dans des conditions de stabilité parfaite, jeunes, clairs et limpides, soufrés juste ce qu'il faut. Il lui suffira donc d'entreposer les bouteilles dans une cave fraîche, légèrement humide, maintenue à une température voisine de 12°C et dans l'obscurité. Si ces conditions sont remplies, un vin de qualité se conservera quelques années, de cinq à dix ans, et d'autant mieux qu'il sera plus corsé, c'est-à-dire de bonne année, ou plus frais, c'est-à-dire d'une année peu ensoleillée. Ainsi, la Confrérie Saint-Etienne, dans son œnothèque possède des bouteilles des années 1834 et 1865, donc plus que centenaires, bien conservées : 1834 fut, en fait, une année assez dure et 1865 apparaît comme la grande année du siècle.

Le vin d'Alsace se boit frais, non frappé, à une température de 12°C environ ; grâce à un léger échauffement, son bouquet se développe délicatement tout en conservant une allure juvénile. Il peut se boire seul, bien sûr, pour désaltérer : le CHASSELAS, le ZWICKER et le SYLVANER font merveille sans lasser. Qui veut mieux, prend un PINOT BLANC ou un EDELZWICKER, tandis que dans les circonstances solennelles l'un des quatre

grands, RIESLING, MUSCAT, TOKAY ou GEWÜRZTRAMINER s'impose, avec, cependant, une faible préférence pour un beau MUSCAT, Les Alsaciens cherchent toujours à accompagner leur vin de quelques amuse-gueule originaux : noix et pain paysan avec le vin bourru, gâteaux secs, feuilletés au fromage, aux amandes, olives... en attendant que l'on se mette à une table combien copieuse, quoique réduite par rapport à celles d'autrefois, L'Alsace a été, de tout temps, un pays riche malgré ses nombreux malheurs, et pendant des siècles le grenier et la cave d'une grande partie de l'Europe. On y trouvait de tout : poissons, volailles, viandes de

tout genre, gibier, grenouilles, escargots, pain blanc, fromages et surtout d'excellents vins qui, dès le XIIe siècle, étaient exportés vers tous les horizons, surtout en remontant ou en descendant le Rhin, pour figurer sur les tables des bourgeois aussi bien que sur celles des princes.

L'Alsace a la réputation d'avoir toujours été le pays de l'équilibre à tous points de vue et, à table, tout excès est réprouvé. On boit à grand verre, certes, mais pas à coup sec ; le savoir-boire est naturel et l'on ne manque jamais de s'arrêter avant que le rire devienne bégaiement. Les services de vins et de table s'insèrent en se jouant, selon des règles simples et conformes à l'esprit méthodique de l'Alsacien. Pour un repas modeste, une bonne choucroute, un baeckaoffa, de la charcuterie, un vin courant suffit ou, si l'on désire mieux, un PINOT BLANC ou un petit RIESLING. Si le repas est plus soigné et comporte fromage et dessert, on ouvre vers la fin du repas une bouteille de TRAMINER. Pour un grand dîner, le nombre de verres devant chaque assiette augmente, car chaque mets exige son vin. Ainsi, pour les plats peu relevés, les asperges, les fruits de mer, les viandes blanches, les poissons, la truite au bleu, il faut un RIESLING ou en décroissant, faute de mieux, un PINOT ou un SYLVANER. Pour une langouste à l'armoricaine, un munster ou un roquefort bien relevés ou forts en goût, le GEWÜRZTRAMINER s'impose et donne des harmonies

incomparables. Pour un mets riche, tel le foie gras de Strasbourg, le TRAMINER et surtout le TOKAY se marient admirablement. Pour la grosse pièce, liberté... quoique parfois un TOKAY de grande année ne soit pas à dédaigner.

L'Alsacienne sait bien cuire, mais il lui faut la bouteille de vin à côté de la marmite, car les petits plats bien arrosés se digèrent mieux.

Jamais il ne faut manger pour manger, ni boire pour boire, mais manger pour mieux boire et boire pour manger mieux. Telle est la philosophie de l'Alsacien à table, et les Alsaciennes prennent le plus grand soin à l'honorer.

Le vignoble alsacien est l'un des plus anciens de France, apparu après celui de la Narbonnaise, lors d'une invasion germanique au IIIe siècle. Il connut un essor considérable dès le VIIe siècle, coïncidant avec celui de Strasbourg, pendant longtemps le plus grand port fluvial sur le Rhin et le marché de vins le plus renommé de l'Europe du centre ; et cela dura jusqu'à la guerre de Trente Ans qui amena des bouleversements sans fin. Ce vignoble était riche, mais non opulent ; il était bourgeois, il l'est resté ; il ne connaît pas de châteaux, mais des villes et des bourgs de large aisance, où le sens du devoir ne se discute pas.

Le vigneron alsacien est un bourgeois, il est son maître, il ne connaît ni servitude ni métayage, Il achète sa terre, mais ne la prend pas à bail ; il fait son vin et il le veut bon pour lui et ses amis.

Cela explique son caractère, mais aussi combien l'Alsace, pays riche et généreux, respire l'équilibre.

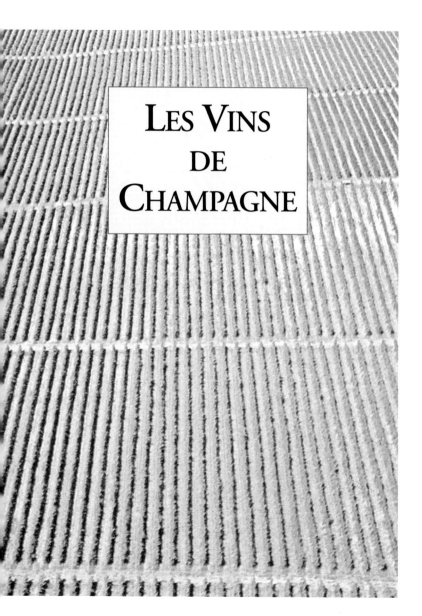

LES VINS
DE
CHAMPAGNE

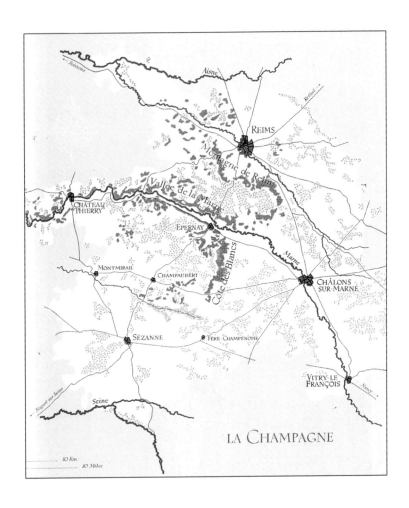

Le champagne est sans contredit l'un des vins les plus célèbres du monde mais, si le savoir des hommes l'a conduit à cette juste renommée, il convient aussi de dire que ses origines se perdent réellement dans la nuit des temps. En l'occurrence, il n'est pas exagéré de parler de prédestination. En effet, lorsque la mer intérieure qui occupait la région champenoise disparut, elle libéra des terrains calcaires qui se recouvrirent lentement d'une couche cultivable où les plantes purent commencer de croître. De récentes découvertes faites à Sézanne ont prouvé que la vigne existait à l'ère tertiaire, et les feuilles fossilisées mises au jour ont été jugées très proches du *vitis rotunda folia*, que nous nommons communément *plant américain*. Voilà une surprenante anticipation. Des milliers d'années après, le même cépage devait sauver le vignoble champenois dévasté par le phylloxéra.

Les témoignages historiques apparaissent avec la conquête romaine. En effet, lorsque les légions parvinrent jusqu'aux coteaux riverains de la Marne, elles découvrirent une culture viticole florissante. Porteuses de connaissances et de méthodes nouvelles, elles contribuèrent à son développement tout comme elles l'avaient fait précédemment dans les autres provinces de la Gaule. Les Romains connaissaient la culture arborescente courante en Italie, mais ils comprirent les avantages présentés par la culture en ceps pratiquée par les Gaulois. En revanche, ils introduisirent une conception nouvelle, celle de la sélection des plants. Ils importèrent même de la Narbonnaise une variété hâtive. La réputation des vins de la Champagne fit rapidement la conquête

de Rome, et Pline lui-même en porte témoignage: « Les autres vins de la Gaule recommandés pour la table des rois sont ceux de la campagne de Reims qu'on appelle vins d'Ay.» (L6 XIVCVI).

Le décret pris par Domitien, en l'an 92, allait porter un coup presque fatal à l'expansion du vignoble gaulois et singulièrement du vignoble champenois. L'empereur prescrivit l'arrachage de toutes les vignes sans obtenir, heureusement, une obéissance absolue. Il est bien certain que le stationnement des troupes nécessitait qu'elles vécussent sur les productions locales et qu'une armée a davantage besoin de céréales et de produits de l'élevage que de boissons ne favorisant pas toujours la discipline ou la conduite héroïque. Peut-être s'y mêla-t-il aussi de banales raisons commerciales, les vins gaulois faisant concurrence à ceux des rivages méditerranéens. Toujours est-il que pendant deux cents ans la vigne entra dans la clandestinité jusqu'au jour où un autre empereur mieux inspiré, Probus, leva l'interdiction, et même occupa ses troupes au travail de reconstitution du vignoble entrepris avec entrain par les Gaulois. Entre Reims et Châlons, l'affaire fut rondement menée et le souvenir de Domitien s'estompa.

L'avènement et le développement du christianisme eurent une influence prépondérante sur la culture de la vigne car les moines devaient se procurer sur place le vin nécessaire à la célébration de la messe. D'autre part, les monastères étaient des relais où pèlerins et voyageurs trouvaient la table ouverte et l'asile. Notons que la qualité des vins de Champagne était remarquée, dès cette époque.

Le sol champenois a livré de nombreux vestiges confirmant l'importance du vignoble : jarres en terre, monnaies dont l'ornementation tire ses motifs de la vigne, et même des verres dont la forme allongée préfigure celle de la flûte actuelle.

Aux Ve et VIe siècles, le champagne se mêle à l'histoire de France et au paradis, puisque Clovis est sacré roi de France à Reims par saint Rémi, apôtre des Francs. Les chroniques du temps rapportent les miracles qu'il accomplit: comment il fit jaillir du vin d'un tonneau plein d'eau et comment il remit à Clovis, en guerre contre Alaric, «un vase empli de vin bénit, en lui recommandant de poursuivre la guerre tant que le flacon fournirait du vin à lui et à ceux des siens à qui il voudrait en donner. Le roi but, ainsi que plusieurs de ses officiers, sans que le vase ne désemplît». Plus positif, le testament de saint Rémi constitue un document irrécusable sur l'économie et les moeurs de l'époque : il est très souvent question des offrandes et dons en vin faits par les vignerons au roi et à l'évêché de Reims. D'autres chroniques montrent l'extension croissante du vignoble champenois et nous éclairent sur la qualité et l'usage que l'on faisait des vins. Le

faisait des vins. Le champagne était alors un vin tranquille, « de qualité, pur et fruité», excellent pour les malades, Le décor et les sculptures des monuments, notamment ceux de la cathédrale de Reims, de l'église d'Ay, sont directement inspirés par la vigne et révèlent une part de la vie de ceux qui lui consacraient leur labeur.

Dans son Histoire de l'Eglise de Reims, Flodoard relate que la vendange de 929 était terminée au mois d'août, ce qui prouve que la maturation du raisin était alors très précoce. Au XIᵉ siècle, le pape Urbain II, qui avait prêché la Deuxième

RESERVE CUVÉE

CHAMPAGNE

Perrier-Jouët & Cⁱᵉ

Épernay (France)

Finest EXTRA *Quality*
BRUT

N.M. 3.624.332   CONTENTS 26 FLUID OZ.   PRODUCE OF FRANCE

Croisade, était né à Châtillon-sur-Marne où une statue gigantesque perpétue son souvenir. Une sorte de remembrement se produit alors, car les seigneurs partant pour la Terre sainte confient leurs biens aux congrégations. Pendant leur absence, parfois définitive, les moines organisent la culture, la rationalisent, et c'est à partir de cette époque que leur influence sur le destin des vins de Champagne devient déterminante.

Les invasions et les combats eux-mêmes ont pour conséquence annexe de développer le renom des vins, et l'on raconte que Wenceslas, empereur d'Allemagne, rencontrant le roi de France Charles VI à Reims en 1398, s'adonna à de telles libations qu'il signa «ce que l'on voulut».

Le sacre des rois de France à Reims contribua au prestige des vins champenois et, pour la première fois, le champagne fut le seul vin servi à l'occasion du sacre de Henri III, le 13 février 1575. Son pouvoir de séduction était si grand qu'empereurs et monarques, Charles Quint, François Iᵉʳ, Henri VIII, et un pape, Jean de Médicis, devenu Léon X, possédèrent leur maison à Ay. Henri IV aimait à se dire «Sire d'Ay» et prisait fort ce «vin de Dieu» léger, fruité et spirituel.

Aimé des rois, le champagne fit la conquête de la cour. Les poètes le chantèrent. Les vignerons s'activèrent pour satisfaire à la demande et remarquèrent que, pour d'obscures raisons, il lui arrivait parfois de manifester une certaine effervescence, sans jamais réussir à dominer ce mystère. Louis XIV fut un fervent adepte du vin d'Ay, mais ses plus grands zélateurs furent le maréchal de Bois-Dauphin, puis le marquis Charles de Saint-Evremond et le comte d'Olonne qui n'en voulaient goûter d'autre à leurs repas. En 1672, Saint-Evremond écrivait au comte d'Olonne: «N'épargnez aucune dépense pour avoir des vins de Champagne, fussiez-vous à deux cents lieues de Paris. Il n'y a point de province qui fournisse d'excellents vins pour toutes les saisons que la Champagne. Elle nous fournit les vins d'Ay, d'Avenet, d'Auville jusqu'au printemps ; Tessy, Sillery, Verzenay pour le reste de l'année. Si vous me demandez lequel je préfère de ces vins, sans me laisser aller à des modes de goût qu'introduisent de faux délicats, je vous dirai que le bon vin d'Ay est le plus naturel de tous les vins, le plus sain, le plus épuré de toute senteur de terroir, d'un agrément le plus exquis, par le goût de pêche qui lui est particulier et le premier de tous les goûts.»

Cette analyse et cette finesse de palais montrent bien que le champagne avait déjà conquis une place prépondérante. On dit que Saint-Evremond ayant encouru la disgrâce royale en 1661, dut se réfugier en Hollande puis en Angleterre où il introduisit à la cour de Charles II les bonnes manières du boire et du manger.

Il sut facilement convaincre et le champagne fut mis à l'honneur de l'autre côté de la Manche.

Sur ce point d'histoire, il nous semble utile de donner quelques précisions, car nous approchons maintenant de l'événement qui va définitivement distinguer les vins de Champagne de tous les autres vins. Nous l'avons dit, les vins

champenois sont jusqu'alors tranquilles, ou presque. Les raisins noirs, peu ou non cuvés, produisaient un vin gris, mais les vins rouges dominaient bien que leur conservation fût courte et le transport très risqué. Au milieu du XVIIe siècle (1640 ou 1668, la date est controversée) les vignerons champenois multiplient leurs efforts pour «rendre leurs vins plus exquis que dans les autres provinces du royaume» et réussissent à produire des vins pâles qui, dans certaines années, produisent en bouteille une certaine effervescence, fort agréable, et développant leur bouquet. Or, cette effervescence était plus fréquente dans les vins blancs préparés avec des *pinots*, dont le moût fermentait séparé des marcs, et c'est

ainsi que naquit l'idée de conduire cette fermentation en bouteille. Le «vin de Dieu» devint «vin diable» ou «saute-bouchon» sans rien perdre de ses mérites ni de sa vogue, bien au contraire, comme nous le démontre l'histoire.

Dom Pérignon fut l'homme du destin. Nous savons bien que si ses mérites sont reconnus, sa découverte est parfois contestée, mais il nous semble vain de jouer les briseurs d'idole, cela d'autant plus qu'un inventeur doit toujours quelque chose à ceux qui l'ont précédé.

Né la même année que Louis XIV, il devait mourir la même année aussi (1638-1715). Elevé dans une famille bourgeoise originaire de Sainte-Menehould, il entre dans les ordres à l'abbaye royale des bénédictins de Sainte-Vanne, à Verdun, et se signale par sa vaste intelligence et sa charité fervente. En 1668, il devient cellerier de l'abbaye bénédictine d'Hautvillers dans le diocèse de Reims, et son rôle consiste à surveiller l'approvisionnement en denrées et produits de tous ordres, à contrôler les sources de revenus, l'exploitation et les comptes. L'administration des caves lui incombait donc, Le village d'Hautvillers est construit sur des coteaux dominant la vallée de la Marne et leur exposition est particulièrement favorable à la culture de la vigne. Le domaine était considérable et de nombreux autres vignobles en

dépendaient. Pour ces raisons, dom Pérignon consacra son intelligence au vin et il fut servi par ses extraordinaires dons de dégustateur. Sa première grande idée fut d'assembler les vins de telle manière qu'en se mariant, les mérites des uns viennent s'ajouter à ceux des autres, harmonieusement, sans jamais dominer. La finesse de son palais était si délicate qu'il goûtait d'abord les raisins et en distinguait la provenance. Il composait ses cuvées par avance et cette façon de procéder devait se révéler essentielle dans l'élaboration d'un vin mousseux. C'est aussi dom Pérignon qui fit adopter le bouchage au liège en Champagne, remplaçant ainsi l'antique cheville en bois entourée de chanvre huilé.

Il organisa la production du vin, étudia le phénomène de la prise de mousse avec les moyens empiriques dont il disposait, mais nul ne peut préciser s'il obtenait la fermentation en bouteille avec le sucre naturel, c'est-à-dire non transformé en alcool, que contient le vin ou si, le premier, il ajouta une dose de sucre de canne.

Son corps repose dans l'église d'Hautvillers et, sur la pierre tombale, cette épitaphe est gravée: «Ici repose Dom Pierre Pérignon, pendant 47 ans cellerier de ce monastère, qui, après avoir administré les biens de notre communauté avec un soin digne d'éloge, plein de vertus et en première ligne d'un amour paternel envers les pauvres, décéda dans la 77ᵉ année de son âge, en 1715.»

Toute la modestie bénédictine au service du champagne. Désormais la prise de mousse est «gouvernée» et les amateurs se multiplient. Le début du XVIIIᵉ siècle correspond à une étonnante croissance ; les vins tranquilles sont délaissés au profit des mousseux. A la cour, le marquis de Sillery, réputé pour la sûreté de son goût, est un ardent propagandiste. Le Régent est aussi convaincu de l'excellence du champagne que le seront plus tard Louis XV et Louis XVI, avec plus de calme. Mme de Pompadour lui conquiert les faveurs féminines en déclarant «qu'il est le seul vin qui laisse la femme belle après boire», tandis que la comtesse de Parabère est accusée de boire comme un lansquenetl En 1739, un bal brillant est donné par la ville de Paris. Il y fut consommé 1800 bouteilles de vin de Champagne.

C'est vers cette époque que naquirent les premières maisons de commerce en Champagne et certaines existent toujours. Leurs caves sont établies dans la craie assurant au vin une bonne conservation, mais il reste à résoudre deux problèmes : l'étude des fermentations et la casse des bouteilles, Le second fut résolu avant le premier par un pharmacien de Châlons, nommé François, dont le nom mérite l'immortalité. Le bris de bouteilles atteignait parfois 40% de la production et le mérite de François est d'avoir permis de dominer, par ses recherches, une fermentation excessive en fixant les proportions du dosage de sucre. Dans le même temps, la verrerie accomplissait aussi de grands progrès et l'angoissante question de la «casse» fut grandement limitée.

En 1858, Maumené, professeur à Reims, semble être le premier à avoir étudié l'action des levures qui président à la fermentation, mais il fallut attendre les travaux de Pasteur pour entrer dans la période vraiment scientifique de la préparation du champagne.

Depuis, l'histoire du champagne n'est faite que de victoires, durement acquises, parfois sur les maladies de la vigne ou sur la folie des hommes. Les techniques nouvelles et le progrès, alliés à la ténacité, au savoir des vignerons et des commerçants champenois, trouvent leur juste récompense dans une expansion constante dans le monde.

LE VIGNOBLE CHAMPENOIS

La Champagne, d'origine crétacée comme l'IIe de France qu'elle prolonge jusqu'aux Ardennes, constitue la partie orientale du bassin parisien. Ses paysages possèdent la même douceur, la même harmonie née de plaines aux ondulations légères, s'inclinant parfois vers des vallées peu profondes. Les coteaux dominent d'une centaine de mètres les rivières aux eaux paisibles et ne dépassent guère une altitude de 200 mètres.

Sa géologie et sa situation géographique ont de tout temps conféré à la Champagne une identité nettement caractérisée. Sous l'Ancien Régime, elle couvrait 2 500 000 hectares, soit presque le vingtième de la superficie de la France. La Révolution l'a divisée en constituant quatre départements – Aube, Haute-Marne, Marne, Ardennes – le reste de son territoire allant à l'Yonne et à l'Aisne.

Le sous-sol est un sédiment crayeux d'où se détachent, par bandes larges ou étroites, des calcaires, des argiles et des sables siliceux.

La zone viticole a été définie par la loi du 22 juillet 1927 en raison de ses caractères naturels et seuls les vignobles qu'elle englobe peuvent conférer au vin l'appellation CHAMPAGNE.

Cette zone viticole ne se présente pas d'un seul tenant, nous allons le voir. Elle couvre une superficie de 35 000 hectares qui étaient dans leur totalité plantés en vignes au siècle dernier. L'invasion phylloxérique l'a d'abord considérablement réduite, mais, à l'heure actuelle, 24 800 hectares de vignes sont en rendement.

Ils se répartissent de la façon suivante : 19 200 hectares dans la Marne, 3800 dans l'Aube et 1800 dans l'Aisne. L'ensemble représente environ deux centièmes de la superficie consacrée en France à la culture de la vigne.

On distingue quatre zones dans le vignoble champenois: La Montagne de Reims, la Vallée de la Marne, la Côte des Blancs et les vignobles de l'Aube. Les arrondissements de Reims et d'Epernay englobent les trois premières, qui forment l'essentiel, le cœur de la région champenoise, et produisent les crus les plus réputés. Les vignes, cultivées à flanc de coteau, constituent un ruban long de quelque 120 kilomètres, dont la largeur varie entre 300 mètres et 2 kilomètres.

La Montagne de Reims. La classification des grands crus dans le vignoble principal de la Champagne a été établie selon des usages anciens. Pour la Montagne de Reims, située au nord, en lisière de la forêt de Reims, Verzenay, Mailly, Sillery, Beaumont-sur-Vesle représentent les grands crus. Parmi les premiers crus, citons Ludes, Chigny-les-Roses, Rilly-la-Montagne, Verzy, Villers-Allerand, Villers-Marmery et Trépail.

Notons qu'en Champagne, à l'exception des vins tranquilles ayant une appellation d'origine précise, le classement du cru n'apparaît pas dans l'appellation du champagne, qui, par nature, est un assemblage de moûts d'origines diverses. Le cru n'est donc ici qu'un «cru de raisin».

Au sud-est de la ville, la Petite Montagne comporte aussi des crus de valeur tels que Villedommange, Ecueil, Sacy, Pargny-lès-Reims, Jouy-lès-Reims.

Ajoutons que la Montagne de Reims constitue le versant méridional de la vallée de la Vesle; à son extrémité orientale, elle rejoint la vallée de la Marne qu'elle domine à la hauteur d'Epernay.

LA VALLÉE DE LA MARNE. Les coteaux s'étendent le long du fleuve entre Tours-sur-Marne et Dormans avec une extension vers Château-Thierry et au-delà, jusqu'aux confins de la Seine-et-Marne. Elle a pour vignoble de tête Ay, encadré par Mareuil-sur-Ay et Dizy, suivis, à un rang moins élevé dans la classification des vignobles, de Cumières et d'Hautvillers où s'illustra dom Pérignon.

101

Sur la rive droite de la rivière, les crus de Damery, Venteuil, Châtillon-sur-Marne, Vandières, Verneuil et Vincelles méritent d'être cités, Pour une raison toute différente, le nom du hameau de Tréloup reste lié à l'histoire champenoise car la première tache phylloxérique y fut décelée en 1890. Sur la rive gauche, la vallée du Cubry, qui aboutit à Epernay, présente une suite de crus intéressants issus de *pinot fin* : Epernay, Pierry. D'autres proviennent de *pinot meunier* et ce sont notamment: Moussy, Vinay et Saint-Martin-d'Ablois, remarquables par leur fruité. Enfin, Mardeuil, Boursault, Leuvrigny, Festigny, Troissy et Dormans portent des vignobles réputés.

La Côte des Blancs et les autres vignobles. La Côte des Blancs est située immédiatement au sud de la Marne, et ses grands noms chantent dans la mémoire de tous les connaisseurs de champagne: Cramant, Avize, Oger, Le-Mesnil-sur-Oger. Chouilly se trouve à la jonction des deux zones. Les vignobles produisent ici du raisin blanc d'une extrême finesse dont le *chardonnay* est le roi.

Cette Côte des Blancs s'étend au sud jusqu'aux environs du Petit Morin. Elle est alors relayée par une nouvelle côte de raisin noirs et blancs comptant parmi les premiers crus. Précisons que la vallée du Petit Morin est bordée de quelques vignobles de meunier produisant des vins très fruités.

Ces zones que nous venons de parcourir rapidement constituent pratiquement l'essentiel de la Champagne. Cependant, il existe une autre zone, de transition, dont les caractéristiques géologiques ne sont plus aussi nettes, mais qui produisent néanmoins des vignes ayant encore droit à la même appellation. Citons parmi ces vignobles ceux de la Côte de Château-Thierry, ceux de la région de Sézanne et ceux qui ressortissent à l'arrondissement de Vitry-le-François.

Il existe entre la région de Sézanne et le vignoble de l'Aude une importante cassure puisqu'il faut atteindre Bar-sur-Aube et Bar-sur-Seine pour trouver de nouveaux coteaux faisant partie de la Champagne viticole.

LE SOL. Le sol, nous l'avons indiqué précédemment, est établi sur le calcaire, et c'est là une caractéristique essentielle. Les grands crus reposent, en général, à mi-coteau sur une mince couche d'éboulis provenant de pentes tertiaires où affleure la craie séronienne en un bloc dépassant parfois une épaisseur de 200 mètres.

La craie du sous-sol assure un drainage parfait régularisant l'infiltration des eaux et maintenant de ce fait une humidité idéale. De plus, cette constitution géologique présente un grand avantage : celui d'emmagasiner la chaleur solaire et de la restituer d'une façon régulière et constante.

Enfin, la lumière, qui joue un rôle primordial dans la maturation du raisin, est plus intense que le climat ne le laisserait paraître, en raison même de la blancheur calcaire du sol.

LE CLIMAT. Le climat champenois est pratiquement identique à celui du bassin parisien. Il est généralement modéré. Les hivers sont rarement rigoureux, les printemps incertains mais doux, les étés chauds et les automnes souvent beaux, ce qui est d'une extrême importance. Les vents soufflant de la mer atténuent les influences continentales aux maxima trop marqués, et la température annuelle moyenne s'établit à 10 degrés.

Enfin, la vigne bénéficie du rôle modérateur des forêts et des bois qui, de surcroît, entretiennent une humidité très favorable, L'altitude du vignoble, planté entre 130 et 180 mètres, le met partiellement à l'abri des gelées de printemps et des froides brumes matinales qui sont naturellement beaucoup plus sensibles dans les vallées. Il est bien évident que ces ennemis du viticulteur ont suscité de sa part une défense très efficace et que les moyens modernes mis à sa disposition ont grandement limité leurs effets désastreux. Il en va de même pour la grêle.

LES CÉPAGES. Des dispositions légales extrêmement strictes ont défini les cépages dont les raisins entrent dans la composition du champagne. Il s'agit du *pinot noir* et du *pinot meunier* qui produisent des raisins noirs, d'une part, et du *chardonnay*, d'autre part, qui fournit les raisins blancs. En dehors de ces variétés, la loi reconnaît quelques plants locaux, en voie de disparition d'ailleurs, tels que le *petit meslier* et l'*arbanne*. Notons qu'à la suite de l'invasion du phylloxéra, les cépages francs de pied durent, bien entendu, être remplacés par des plants greffés.

Cette désignation légale n'a fait que confirmer une expérience vigneronne plus que millénaire en soulignant la parfaite concordance de ces cépages avec le sol et le climat. L'influence des cépages sur la nature du vin est considérable, En effet, chacun d'eux apporte ses qualités propres, et le dosage, le mariage, l'harmonisation de ces qualités donnent au champagne l'essentiel de son caractère. Sa finesse, son bouquet et son moelleux tiennent directement aux divers raisins et à leur proportion déterminée par des palais subtils, formés à une délicate opération que nous examinerons dans un prochain paragraphe. Aucune analyse, aucun examen ne saurait remplacer l'expérience humaine.

Le *pinot noir* (et ses variétés) est un cépage très répandu en Champagne. Rappelons qu'il est aussi celui qui préside à la production des grands vins rouges de Bourgogne. Il donne un

vin puissant, plein de sève et de générosité. Il est vinifié en blanc par des procédés que nous étudierons ultérieurement.

Le *pinot meunier* est une variante du *pinot noir*. Plus rustique, il joue un rôle très important pour les seconds crus de Champagne.

Le *chardonnay*, qui est un raisin blanc, se trouve principalement sur la Côte des Blancs. Il apporte au moment du mariage ses qualités essentielles de finesse et d'élégance.

Tous trois possèdent des caractéristiques communes. Ce sont la précocité, la vigueur, la rapidité de maturation, la richesse en sucre dans les moûts, une finesse et un bouquet incomparables.

Après l'invasion phylloxérique, la totalité du vignoble fut donc reconstituée en cépages traditionnels, greffés sur les espèces résistant à l'insecte.

La vigne dure pendant une trentaine d'années et ne commence à produire des fruits que quatre années après avoir été plantée. En Champagne, la densité serrée et régulière permet de compter de 8000 à 10000 pieds par hectare, le rendement en raisins étant limité (en principe, 7500 kilos à l'hectare) pour préserver la qualité. Cette disposition légale est contrôlée par l'Institut National des Appellations d'Origine (I.N.A.O.), qui veille à la stricte observance de la loi.

Précisons enfin que la taille fait aussi l'objet d'une réglementation sévère. Toutes les vignes de la Champagne viticole doivent être taillées court et suivant des systèmes reconnus: «Royat», «Chablis», «Guyot» ou «Vallée de la Marne».

DE LA VENDANGE
À LA CONQUÊTE DU MONDE

Après une année de labeur, de soins, d'inquiétudes, d'espérances aussi, voici venu le temps de la vendange. Cet avant-dernier acte du grand spectacle annuel mérite, en Champagne notamment, des soins et des précautions exceptionnels, aussi croyons-nous pouvoir dire que nulle part ailleurs la cueillette n'est effectuée avec une aussi grande minutie.

La fleur est sortie depuis cent jours environ lorsque la date légale est proclamée par arrêté préfectoral. Auparavant, les laboratoires ont procédé aux essais permettant de déterminer la richesse en sucre et la teneur en acide des raisins finissant de mûrir au doux soleil de la mi-septembre. Aussitôt, le grand travail

s'engage et il est bien évident que la seule main-d'œuvre locale ne saurait suffire. Les vignerons reçoivent l'aide extérieure de toutes les régions de France et surtout celle des mineurs du Nord et de Lorraine. Ils recherchent d'année en année les travailleurs volants déjà exercés au délicat travail de la cueillette et bien au fait des habitudes champenoises. Réunis en «hordes» ou «hordons», ils vont entreprendre leur labeur avec méthode et leurs taches multicolores tranchent sur le vert serré des vignes. Les vendangeurs sont nourris et logés. Leur salaire est fixé par une commission paritaire du Comité interprofessionnel du vin de Champagne selon la catégorie à laquelle ils appartiennent du fait de leur qualification et de leur âge. C'est ainsi que l'on distingue les cueilleurs (12 ans, 13 ans puis 14 ans et plus), les porteurs de petits paniers, les débardeurs de gros paniers et manœuvres employés aux vendangeoirs et les chefs recruteurs d'équipes, toutes ces catégories constituant le personnel étranger.

Viennent ensuite les pressureurs, classés eux aussi par spécialités : pressoirs hydrauliques, séchoirs à bras et séchoirs

hydrauliques. Chaque armée, même pacifique, ayant besoin d'une intendance, les emplois de cuisine s'ajoutent aux précédents. Les cueilleurs, hommes, femmes et enfants, détachent les grappes du pied de vigne, précautionneusement, à l'aide de sécateurs, et procèdent à un premier tri sommaire lorsque le besoin s'en fait sentir. Ils déposent les grappes dans de petits paniers individuels d'une contenance approximative de 5 kilos.

Les porteurs entrent en scène à leur tour. Ils collectent les paniers et les déversent sur de larges clayettes en osier sous l'œil scrutateur des «éplucheuses» qui sont responsables d'un tri

sévère. Il est en effet nécessaire d'éliminer les raisins verts ou insuffisamment mûris dont la présence atténuerait la teneur alcoolique du vin, et les grains abîmés ou trop avancés qui pourraient nuire à la qualité. Ces opérations sont fort onéreuses et certains en discutent l'opportunité. Mais ce ne sont pas des Champenois.

Les raisins reconnus bons pour la vinification sont alors déposés – et non versés – dans de grands paniers en osier pittoresquement dénommés «mannequins» ou dans des récipients analogues, souvent en matière plastique, d'une contenance de 50

à 80 kilos. Ces paniers, confiés aux «débardeurs» sont logés, toujours avec soin, dans des voitures munies de ressorts – ce qui est particulier à la région depuis longtemps puis transportés jusqu'aux pressoirs en évitant toute conduite brutale génératrice de meurtrissures.

Les pressoirs se trouvent dans les «vendangeoirs» qui appartiennent aux négociants, aux coopératives locales, aux propriétaires-vignerons ou encore à des courtiers. Sauf dans le cas du récoltant-manipulant (nous reviendrons ultérieurement sur ces diverses catégories), le travail du vigneron est alors absolument terminé, ce qui est une particularité essentielle de la Champagne viticole. Les raisins sont pesés et payés suivant un

prix déterminé chaque année par le C.I.V.C. après avoir été débattu entre vignerons et négociants. L'achat devient définitif au moment où l'acheteur fait verser les raisins sur le pressoir.

LE PRESSURAGE. Aussi rapidement que possible on procède au pressurage. Pour cela, les Champenois utilisent des pressoirs spéciaux présentant une aire assez vaste pour une hauteur réduite. Ainsi le moût peut s'écouler très vite sans dissoudre la matière colorante provenant des rafles, et sans que sa saveur risque d'être altérée par le bois. Sur l'aire du pressoir, on dispose 4000 kilos de raisin, soit ici un marc. L'appellation CHAMPAGNE est réservée aux seuls vins provenant de moûts obtenus dans la limite d'un hectolitre pour 150 kilos de vendange. La limite de pressurage est, pour cette raison, fixée à l'extraction de 2666 litres de moût pour un marc correspondant à 13 pièces de 205 litres chacune.

On procède alors à la première presse ou, mieux, à la première «serre». Commandé électriquement le plus souvent, le «plancher» soutenu par un «mouton» s'abaisse sur le raisin et la pression peut atteindre environ 40 tonnes au mètre carré.

Le moût passe au travers de la masse de raisin et s'écoule par une goulotte, munie d'un panier de filtrage, dans une cuve contenant dix hectolitres, nommée «bélon».

L'opération est renouvelée et l'ensemble du pressurage doit être accompli en une heure et demie, deux heures au maximum.

Les dix premières pièces de moût ainsi obtenues, soit 2050 litres, constituent la «cuvée» qui servira de base à

l'élaboration des grands champagnes. Les trois autres portent le nom de «tailles» car il a fallu découper à la bêche le marc compressé avant de serrer à nouveau. On obtient donc une première et une deuxième taille dont la qualité est évidemment moindre.

Le moût ne séjourne guère dans les cuves graduées, en chêne ou en ciment, où il a été recueilli. Il est prestement dirigé vers d'autres cuves dites de «débourbage», où il repose pendant 10 à 12 heures, temps nécessaire au dépôt de toutes les matières étrangères qu'il contient encore : pépins, peaux, impuretés, etc.

Lorsque le débourbage s'est accompli, le moût est soutiré en pièces de 205 litres portant mention des origines. Cette opération est souvent pratiquée à l'aide de cuves automobiles, Quel que soit le procédé choisi, il est alors transporté dans les celliers des maisons de Champagne où la vinification délicate va pouvoir commencer.

La vinification. Le champagne est le produit de deux fermentations successives dont les éléments essentiels sont les levures. Ces micro-organismes apparaissent sur la pellicule des raisins peu avant leur maturité. Ce sont elles qui transformeront le moût en vin.

La première fermentation. Elle porte aussi le nom évocateur de «bouillage» et s'opère soit dans des tonneaux en chêne, soit dans des cuves en ciment verré, en acier émaillé ou en acier inoxydable, La température ambiante est maintenue à 20 ou 22° centigrades, et le moût bouillonne, Pendant quelques jours, la fermentation est tumultueuse, puis sa violence décroît et le calme lui succède. Trois semaines se sont écoulées lorsque l'on procède au premier soutirage. C'est alors le froid qui agit sur le vin car il provoque la précipitation des dépôts avant de le stabiliser et de lui donner sa limpidité. Un second soutirage devient nécessaire.

Jadis Noël trouvait grandes ouvertes les portes des celliers. La poésie s'en est allée, cédant le pas à l'efficacité et, dans de nombreuses maisons, des installations de climatisation permettent de conduire cette opération avec une exactitude qui est, elle aussi, gage de qualité et de constance.

C'est maintenant, en fait, que l'élaboration du champagne va se distinguer de celle des autres vins.

LA CUVÉE. On dit aussi la «cuvée de tirage» et sa préparation comme sa réalisation vont nécessiter la collaboration du talent et de la technique.

Au cours du premier soutirage, on assemble généralement les vins provenant d'un même cru pour obtenir une cuvée homogène qui servira aux assemblages ultérieurs.

Dès le commencement de l'année, les spécialistes de chaque maison goûtent les vins de la récolte car ils vont devoir constituer, en dépit des variations de tous ordres, un champagne

conforme à la tradition de la marque, c'est-à-dire un vin suivi, fidèle à la personnalité qui le fait choisir parmi d'autres. C'est donc après le deuxième soutirage que l'on assemble différents crus. Deux hypothèses se présentent alors. Si l'on veut obtenir un «millésime», il est bien évident que tous les vins assemblés doivent être de la même année. Si l'on ne fait pas un millésime, les imperfections de l'année peuvent être compensées par l'adjonction de vins d'années antérieures et spécialement gardés à cet effet, Bien entendu l'assemblage nécessite de nombreux essais en petit avant de passer à sa réalisation en foudres. Les caractères essentiels pour atteindre un résultat idéal sont la vinosité, l'arôme, la sève, l'élégance, la délicatesse, la nervosité et l'aptitude à la conservation, cette dernière étant confirmée par des analyses complexes.

Les mariages se célèbrent donc dans d'énormes foudres ou dans des cuves équipées de mélangeurs permettant un brassage parfait.

Il est bon de préciser que, traditionnellement, le champagne comporte un mélange de vins provenant de raisins noirs et de raisins blancs, Cependant, certains sont réalisés uniquement à partir de raisins blancs : ils portent le nom de «blanc de blancs». Il existe aussi du champagne rosé, généralement obtenu par l'incorporation de vin rouge provenant exclusivement de la Champagne viticole, mais, parfois, prévu en rosé dès le pressoir.

Au début du mois de mars, la composition de la cuvée doit être terminée. On procède ensuite à la clarification, soit par filtration, soit par collage.

LE TIRAGE. Le vin de la cuvée est encore tranquille mais, au tirage de printemps, son destin va changer. Pour le mettre en état de prendre mousse, on le transfère dans des cuves de tirage, puis on y ajoute des ferments naturels champenois et une liqueur. Cette liqueur n'est autre qu'une dissolution de sucre de canne dans du vin. Un brassage assure l'homogénéité du mélange.

La dose de liqueur incorporée au vin est plus faible lorsque l'on désire obtenir un «crémant».

Le vin est ensuite tiré en bouteilles et la transformation va s'y produire. En effet, le sucre se mue en alcool et en gaz carbonique qui assure la prise de mousse. Prisonnier de la bouteille, dont le bouchon est solidement maintenu par une agrafe, le gaz carbonique reste dissous dans le liquide et ne se formera en bulles que lors du débouchage.

LA SECONDE FERMENTATION. C'est la lente poursuite du processus que nous venons d'expliquer. Descendues immédiatement dans les caves creusées à même la craie, les bouteilles sont couchées sur des lattes. Elles sont l'objet d'une surveillance attentive car les risques d'éclatement demeurent en

dépit des progrès accomplis en verrerie, la pression du gaz atteignant 5 à 6 atmosphères, Les bouchons aussi peuvent présenter un défaut et laisser s'écouler le vin.

Le trouble du vin et la formation d'un dépôt témoignent de la prise de mousse et, pendant toute cette période, les bouteilles sont remuées de temps en temps, d'un coup de poignet, puis replacées en un tas différent. Lorsque la fermentation secondaire est terminée, le vin retrouve toute sa limpidité et le dépôt se masse au flanc de la bouteille. Le champagne titre alors 12°, environ. Il va maintenant falloir expulser le dépôt et, à cet effet, procéder au dégorgement.

LE REMUAGE. Les bouteilles sont placées «sur pointe», le col en bas, sur des pupitres conçus de manière telle que l'inclinaison puisse varier au fur et à mesure du remuage. Chaque jour, des cavistes avertis impriment à chaque bouteille un mouvement alternatif très vif accompagné d'une trépidation. En même temps, ils lui font effectuer une rotation d'un huitième de tour à droite ou à gauche suivant un repère peint sur la partie inférieure. Le remuage nécessite un tour de main très précis et non moins rapide puisqu'un bon ouvrier «passe» 30 000 bouteilles par jour.

Petit à petit, le dépôt vient s'agréger dans le col de la bouteille qui atteint la position verticale dans un délai variant de six semaines à trois mois. A ce moment, les bouteilles sont disposées «en masse» dans la même position.

LE DÉGORGEMENT. Il s'agit maintenant d'expulser le dépôt tout en laissant s'échapper le minimum de gaz et de vin. Le dégorgement, confié à de vrais spécialistes, se pratiquait «à la volée» dès le retrait du bouchon, mais, de plus en plus, le froid est utilisé. Alignées la tête en bas, les bouteilles sont dirigées vers une saumure à moins 20° où, seul, le goulot trempe. Très vite, un glaçon se forme près du bouchon, emprisonnant les impuretés. Au débouchage, le glaçon est vivement chassé en même temps qu'une faible quantité de mousse et de vin. La bouteille est alors mirée et une «liqueur de dosage», composée de vieux et excellent vin de Champagne et de sucre de canne, vient remplacer le vin perdu, Cette dose dépend du type de champagne désiré : brut, sec, demi-sec ou doux (l'extra-brut étant pur de tout sucre).

LE BOUCHAGE. Après une élaboration aussi longue et délicate, le bouchage, on le conçoit, est d'une très grande importance. Il doit être absolument hermétique, aussi le liège choisi est-il de toute première qualité. La hauteur du bouchon varie entre 48 et 55 millimètres, et son diamètre entre 30 et 35 millimètres. Le bouchon doit légalement comporter certaines mentions sur lesquelles nous reviendrons. Une fois mis en place, il est revêtu d'une capsule d'origine puis enserré dans un muselet en fil de fer afin de ne pas risquer d'être chassé par la pression du gaz. Les bouteilles retrouvent alors la fraîcheur des caves où elles vieilliront avant de partir à la conquête du monde.

LA DIVERSITÉ DES CHAMPAGNES

Le champagne, nous l'avons vu, est obtenu par mariage de vins issus de trois cépages : le *pinot noir* et le *pinot meunier*, donnant les raisins noirs, le *chardonnay* qui fournit les raisins blancs. Bien des gens sont encore surpris d'apprendre que ce vin, merveilleusement clair et lumineux, provient en majeure partie de raisins noirs.

Comme dans les autres vignobles, les raisins produits par les mêmes plants n'ont pas la même saveur et ne présentent pas les mêmes qualités suivant le terrain, le lieu où ils ont mûri. Un bon amateur peut s'en rendre compte très aisément. Cependant, il est plus difficile qu'ailleurs de discerner la diversité des vins et leur variété, en raison même des mariages qui ont fondu les particularismes pour la plus grande gloire du champagne. Les

marques des maisons de champagne possèdent leurs caractères propres que seule une longue expérience permet de discerner.

L'importance du sol et de l'exposition est si grande et elle assure une telle diversité que des coefficients ont été affectés aux communes champenoises, en fonction de la qualité de leurs produits. Ces coefficients de base sont, chaque année, susceptibles de révision suivant les résultats des vendanges. Ces coefficients s'étagent de 77% à 100%; les crus à 100% sont qualifiés traditionnellement de «grands crus», ceux de 90 à 99 % ont droit à la qualification de «premiers crus». Ces mentions sont rarement portées sur les étiquettes car la garantie de qualité est, dans la majorité des cas, donnée par les grandes maisons qui écoulent, à elles seules, le 80% de la production.

Avant d'en venir à l'examen des divers types de champagne, il nous paraît utile de rappeler cette protection légale, commune aux producteurs et aux consommateurs, que constitue l'appellation.

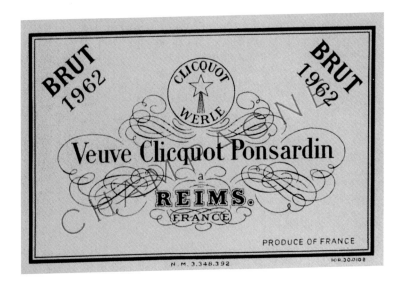

Seul est reconnu CHAMPAGNE le vin :

1. provenant de vignes plantées des cépages autorisés, situées dans les limites de la Champagne viticole, taillées court, d'un rendement limité en raisins à l'hectare.

2. présentant une qualité dont la garantie est assurée. par un rendement limité en moût au pressurage, ainsi que par un degré minimal.

3. préparé selon les procédés naturels connus sous le nom de «méthode champenoise», dans des locaux sis en Champagne, séparés de tous autres et où l'on ne peut entreposer que des vins en provenance de la Champagne viticole.

4. conservé en bouteilles avant expédition, pendant une année minimum (trois années depuis la vendange pour les vins millésimés).

L'application de ces principes, progressivement sanctionnés par la loi française, est contrôlée, pour éviter toute fraude, par le Comité Interprofessionnel du Vin de Champagne, au nom de la puissance publique, des vignerons et des négociants.

Les divers types de champagne peuvent être déterminés ainsi : brut sans année : c'est un vin généralement léger et vif convenant parfaitement à l'apéritif car il dispose à la fois l'esprit et le palais ; brut millésimé : il correspond évidemment à une année de très bonnes vendanges et seuls les vins de même année peuvent être mariés pour constituer une bouteille exceptionnelle.

Dans certains cas, ce peut même être une bouteille de collection. Ce type de vin est souvent plus corsé, plus généreux aussi, et mérite d'être goûté avec une attention toute particulière. Parmi les anciens millésimes, fort difficiles à trouver dans le commerce, citons les années 1928, 1933, 1934, 1937, 1943, 1945, 1949 et 1953, 1966, 1969, 1971,1973. Leurs mérites sont divers, mais il convient de se méfier d'un vieillissement prolongé. De manière générale, une question se pose : faut-il consommer le champagne jeune ou vieux ? Une précision s'impose d'abord: si le gaz carbonique que renferme le champagne lui donne une très grande résistance aux maladies et lui assure une bonne conservation, il ne faut pas croire que ce vin puisse tout supporter et qu'il soit définitivement fixé, Il est aussi vivant que les autres vins et doit faire l'objet des mêmes soins attentifs. Il vieillit donc et risque de s'altérer. Après une dizaine d'années, il peut prendre une pointe de madérisation qui ira en s'accentuant. On dit alors qu'il «renarde». Bien entendu, il reste buvable, mais ses qualités spécifiques s'estompent, tout comme une fleur se fane. En outre, la pression du gaz décroît et, petit à petit, la vie s'en va. Il n'y a donc pas d'intérêt – sinon pour une expérience et dans le cas d'une année privilégiée – à conserver longtemps le champagne et cela d'autant plus qu'il est commercialisé au moment où il peut être consommé. C'est, nous l'avons vu, l'une des règles impératives qui régissent sa qualité.

Sec et demi-sec : la tendance actuelle est orientée vers les bruts; les champagnes plus doux, plus sucrés, possédant moins de caractère, sont nettement moins consommés que par le passé. Ce sont des vins accompagnant agréablement les desserts et qui doivent être plus rafraîchis que les autres.

Le rosé : il reste une amusante exception, mais ne manque pas de séduction ni d'adeptes. Très fruité, d'un bel aspect, il connaît une faveur de plus en plus affirmée et les grandes maisons n'hésitent pas à le présenter.

Il faut noter que son bouquet varie selon la façon dont il a été préparé : soit par l'adjonction d'une faible quantité de vin rouge provenant de la Champagne viticole, soit – ce qui est mieux – vinifié en rosé dès le pressurage. En tout état de cause, il ne peut être comparé aux grands champagnes classiques.

Ces grands types étant définis, il faut ajouter que les maisons de Champagne préparent, à l'usage des marchés étrangers et selon les préférences manifestées par cette clientèle, des bouteilles adaptées à son goût, plus ou moins fruitées, plus ou moins douces.

Il reste, dans le domaine des vins effervescents de Champagne, à parler de deux variétés également fort agréables à déguster :

Le «crémant» : la teneur en gaz des crémants est moins élevée que celle du champagne. Pour obtenir ce résultat, on modifie la quantité de liqueur ajoutée au vin avant la deuxième fermentation. Souples, légers, fruités, les crémants se boivent facilement. Il ne faut pas les comparer aux seigneurs mais considérer qu'ils ont leur place dans la famille champenoise où nul ne saurait démériter.

Le «blanc de blancs» : il est élaboré uniquement à partir de raisins blancs produits par le *chardonnay*. Il est très élégant, léger, et développe un bouquet d'une très grande finesse.

Enfin, la Champagne viticole propose d'autres types de vins dits «tranquilles».

LES VINS NATURE DE LA CHAMPAGNE

Tout d'abord, le vin blanc nature: c'est un «blanc de blancs » non champagnisé, le plus souvent, mais il existe aussi un «blanc de noirs», nettement plus corsé. Les plus grandes maisons en proposent. On y distingue, dans leur pureté, les caractères dominants du vignoble champenois et l'on y retrouve cet esprit, cette robe, ce charme qui leur sont particuliers. La dégustation des vins blancs nature nous semble une excellente initiation à la meilleure connaissance du champagne. Quant aux vins rouges de la Champagne, ils sont simples, excellents mais fragiles. Leur vinosité rappelle celle des vins de Bourgogne tandis que leur richesse en tannin évoque ceux de Bordeaux. Le plus réputé d'entre eux est l'incomparable BOUZY, mais Cumières, Ambonnay, Verzenay, Sillery, Mailly, Saint-Thierry, Vertus en possèdent d'excellents. L'apparition sur la table d'un vin rouge

135

de Champagne est toujours accueillie avec étonnement et intérêt. Ces surprenants vins rouges ont un fruit particulier et leur espièglerie est plus apparente que réelle. Ce sont de grands vins qu'il faut soigneusement élever et présenter non pas chambrés mais au contraire assez frais, Ils développent alors toutes leurs vertus, Quand il s'agit d'années exceptionnelles, de millésimes, ils acquièrent un corps surprenant et peuvent se conserver longtemps. En revanche, la dégustation d'un 1959, par exemple, apporte des satisfactions très différentes, fort éloignées de la légèreté gouleyante. A notre avis, ils deviennent alors trop grands et perdent ainsi beaucoup de leur originalité.

Indépendamment des grandes maisons champenoises, le Bouzy, par exemple, est directement commercialisé par les vignerons qui l'ont produit, puisqu'il ne s'agit pas d'un vin savamment assemblé comme le sont les champagnes mousseux.

LE COMMERCE DU CHAMPAGNE

Le vin est fait, le champagne est né. Il s'agit maintenant de le commercialiser et, depuis longtemps, la preuve est faite que les Champenois sont aussi avisés qu'habiles. La structure du commerce, du négoce est également particulière à la Champagne où l'on distingue traditionnellement :

les négociants-manipulants,
les négociants non manipulants,
les récoltants-manipulants,
les coopératives de manipulation.

Les négociants-manipulants doivent faire figurer sur leurs étiquettes le numéro sous lequel leur marque est répertoriée sur les registres du Comité Interprofessionel du Vin de Champagne. Ce numéro est précédé des initiales N.M. correspondant à leur catégorie.

Les négociants-manipulants vinifient eux-mêmes le vin provenant des vignes qu'ils possèdent ou qu'ils achètent en moût à des vignerons-propriétaires. Ils procèdent eux-mêmes aux assemblages, aux mariages, mettent en bouteilles et livrent leur vin directement à la consommation.

Les négociants non manipulants commercialisent un vin qui est élaboré par d'autres. Ils apportent la puissance de leur organisation commerciale à des manipulants qui n'ont pas eu la possibilité de créer leur propre réseau. Dans ce cas, le nom de la marque et le numéro sont précédés des initiales M.A. Ces mêmes initiales figurent sur les marques secondaires éventuelles d'un négociant-manipulant.

Les récoltants-manipulants sont les viticulteurs qui produisent leur propre vin et le commercialisent directement. Les initiales R.M. précèdent leur numéro et leur nom sur les étiquettes.

Les coopératives de manipulation procèdent à la vinification, aux assemblages, à la champagnisation des vins qui leur sont confiés par les vignerons adhérents. Elles se chargent aussi de la commercialisation. Les initiales C.M. figurent alors sur les étiquettes avec les autres mentions obligatoires.

Creusé dans la craie, un extraordinaire réseau de caves sinue dans le sous-sol champenois. Certaines crayères existent depuis l'époque gallo-romaine, mais le développement de la production a suscité – et suscite – des aménagements continuels. A l'heure actuelle, plus de 200 kilomètres de galeries abritent, à une température constante de 10 à 11°, des millions de bouteilles. Certaines caves atteignent une profondeur de 40 mètres et les grandes maisons de champagne se font un devoir et un plaisir de les faire visiter. Sans elles, leur vin ne pourrait pas être ce qu'il est. En 1980, 176 466 231 bouteilles ont quitté les caves de la Champagne, le record ayant été atteint en 1978 avec 185 922 892 bouteilles.

L'augmentation des ventes de la part des récoltants s'explique par le fait qu'ils peuvent continuer à aller de l'avant tandis que les négociants doivent mettre un frein à certaines ambitions commerciales. Placés à la source de l'approvisionnement, les récoltants peuvent développer largement la vente directe à la clientèle. En revanche, les négociants sont tributaires des achats au vignoble et de l'état du marché des raisins, ce dernier étant directement influencé par le volume des récoltes. Il ne faut pas oublier que les vignes appartenant au négoce ne permettent de couvrir que le cinquième de ses besoins. Il doit donc acquérir les quatre cinquièmes qui lui font défaut.

A titre indicatif, le prix du kilogramme de raisin a été payé en 1980 aux environs de 20 francs français, ce qui montre l'importance des capitaux engagés dans ce seul domaine.

Les ventes à l'exportation marquent des points et ce fait présente un grand intérêt. Toutefois, le marché français reste de loin le plus important : 121 436 120 bouteilles contre 55 030 111 à l'exportation (chiffres de 1980). Par ordre d'importance décroissante, voici quels étaient les douze principaux marchés en 1977-1980 : Italie, Grande-Bretagne, Etats-Unis, Belgique, Allemagne, Suisse, Venezuela, Hollande, Canada, Mexique, Australie, Danemark.

BIEN ACHETER SON CHAMPAGNE

Ne tolérez jamais que l'on vous vende une bouteille qui a fait l'étalage et en aura naturellement souffert. La bouteille devra être tirée de la cave ou d'un casier où elle reposait couchée, le bouchon devant toujours être humecté par le vin.

Constituez votre cave champenoise avec diverses sortes de bouteilles allant de la plus simple au millésime prestigieux, en passant par les champagnes plus corsés des grandes marques ou celles qui montent. A titre indicatif, nous vous suggérons ceci :

Vins frais, gouleyants, faciles à boire : Laurent Perrier, Lanson, Piper Heidsiek, Mercier, Canard Duchène, Jeanmaire, etc.

Vins plus charpentés, plus caractérisés : Mumm, Perrier-Jouët, Pommery, Ruinart, Taittinger, etc.

Vins plus anciens et plus puissants : Bollinger, Krug, Pol Roger, Veuve Clicquot, Roederer, etc.

Nous insistons bien sur la valeur strictement indicative de ces conseils.

LES BOUTEILLES DE PRESTIGE

De nombreuses grandes maisons ont élaboré depuis quelques années des «cuvées spéciales». Elles sont le plus souvent présentées avec un grand luxe de raffinement.

Ces cuvées sont très caractérisées. Parmi les plus célèbres, citons le DOM PÉRIGNON de Moët et Chandon qui ouvrit la voie, la CUVÉE GRAND SIÈCLE de Laurent-Perrier, les COMTES DE CHAMPAGNE de Taittinger, le FLORENS LOUIS de Piper-Heidsieck, la CUVÉE CHARLES VII de Canard Duchène, la CUVÉE ELYSÉE de Jeanmaire, la CUVÉE DE L'EMPEREUR de Mercier et Roederer présentée en bouteilles cristallines. Quant à Bollinger, c'est un millésime 1955, pour lequel on ne procéda au dégorgement qu'en 1967, qui constitue la bouteille de prestige de la marque.

Puisque nous parlons de bouteilles, il nous semble bon de donner quelques précisions en rappelant leur gamme : quart, demie, médium, bouteille (80 cl.), magnum (2 bouteilles), jéroboam (4 bouteilles), réhoboam (6 bouteilles), mathusalem (8 bouteilles), salmazar (12 bouteilles), nabuchodonosor (20 bouteilles).

Disons sans ambages que les flocons bibliques situés au-delà du magnum ne présentent qu'un attrait de curiosité et relèvent plutôt du folklore. En revanche, pour des raisons mal définies, le champagne en magnum est toujours d'une excellente qualité.

LE CHAMPAGNE ET LES MOUSSEUX

Le cas du champagne, nous venons de le voir, est tellement particulier que, parmi tous les vins effervescents, il est le seul à ne jamais être nommé «mousseux».

L'usage et la consécration sont ainsi venus s'opposer à l'étymologie, Pourtant, le terme «mousseux» s'applique à tous les vins qui, à la suite d'une fermentation secondaire provoquée, produisent une mousse au moment où on les verse dans un verre, Suivant l'importance de cette mousse, ils sont «perlants», «pétillants», ou «mousseux», le terme «crémant» n'étant pas réservé exclusivement au champagne.

L'élaboration des vins mousseux peut être conduite suivant trois procédés : la méthode rurale, ou naturelle, la méthode champenoise et la méthode dite de la «cuve close». Nous allons les examiner rapidement.

MÉTHODE RURALE ou naturelle : elle tient de la méthode de vinification et ne comporte aucune adjonction, d'aucune sorte. C'est le sucre naturel, non transformé en alcool après la première fermentation, qui agit. En effet, la mise en bouteilles ayant été effectuée après la première fermentation, il se produit ensuite une fermentation secondaire qui donne au vin une effervescence naturelle. Les procédés modernes d'analyse et de vinification permettent de contrôler à tout moment cette effervescence et d'obtenir ainsi à volonté un vin simplement perlant ou un vin pétillant.

Cette méthode est utilisée en France, notamment à Gaillac, à Limoux (la BLANQUETTE) ou encore à Die dont la CLAIRETTE est fort réputée.

MÉTHODE CHAMPENOISE. Nous l'avons étudiée en détail, mais il convient d'en rappeler les grands principes pour mieux marquer ses particularités.

La première fermentation, dite, à juste titre, «tumultueuse» s'opérait jadis dans des fûts mais, avec le progrès, l'emploi des cuves s'est généralisé. Elle s'apaise après trois semaines et jusqu'à ce moment les travaux de vinification ne diffèrent pratiquement pas de ceux que l'on conduit dans tous les vignobles. L'élaboration de la cuvée, en revanche, est spécifiquement champenoise car les mélanges effectués dans cette province sont beaucoup plus subtils que nulle part ailleurs, Le tirage intervient ensuite, Les ferments naturels et la liqueur, faite de sucre et de vin, vont mettre le vin en état de prendre mousse, ce qui se passera, nous l'avons vu, en bouteilles.

C'est la deuxième fermentation, très précisément contrôlée, qui assure la noblesse du vin dont la mousse doit être à la fois persistante et légère. Le séjour en cave ne mettra

145

évidemment pas un terme aux travaux d'élaboration dont le déroulement est proprement champenois: remuage, dégorgement, adjonction d'une nouvelle liqueur, dite de «dosage», nous n'insisterons pas davantage sur ces opérations précédemment examinées plus en détail.

MÉTHODE DE LA CUVE CLOSE : à la différence des deux méthodes précédentes, la seconde fermentation n'est pas conduite en bouteilles mais dans des cuves de grandes dimensions. La qualité du vin en souffre et les lois françaises interdisent le traitement en cuve close pour tous les vins d'appellation d'origine contrôlée (A.O.C.).

Ces trois méthodes sont les seules pratiquées en France, et, plus ou moins rigoureusement, dans les autres pays producteurs de vins mousseux. En Italie, L'ASTI SPUMANTE est élaboré suivant la méthode champenoise pour une partie de son processus jusqu'au moment où la seconde fermentation en bouteille s'est produite. Pour éviter les opérations de remuage et de dégorgement, les vins sont alors transvasés des bouteilles dans de grandes cuves closes où ils sont traités et filtrés.

Enfin, et nous ne citons cette méthode que pour mémoire, on peut obtenir des vins mousseux par adjonction pure et simple de gaz carbonique. Il paraît superflu de dire que les produits ainsi obtenus sont de mauvaise qualité.

LA VIE EN CHAMPAGNE

La vie en Champagne est rythmée par les travaux du vignoble. Si l'histoire de la province est particulièrement riche en faits comme en légendes, il faut bien convenir que le folklore est tombé en désuétude. Il ne faut pas en incriminer les Champenois mais la nature de leur pays et son climat qui sont moins propices aux réjouissances populaires que celles de grands vignobles plus méridionaux. En outre, des guerres cruelles l'ont bouleversé tout au long des siècles entraînant également la disparition de coutumes aimables bien difficiles à observer quand le cœur n'y est pas.

Il ne faudrait pas en déduire que le vigneron champenois est un personnage triste, car partout où se trouve le vin, la générosité règne et la joie de vivre.

Comme dans tous les vignobles, la Saint-Vincent est célébrée le 22 janvier, mais les cérémonies religieuses une fois terminées (toutes de simplicité, avec bénédiction des vignes) on se réunit entre amis autour d'une vieille bouteille propitiatoire.

Pour la fête patronale et toutes les autres, carillonnées ou profanes, la joie vient du vin, mais le Mardi Gras ou les Feux de la Saint-Jean d'été avec leurs rondes et leurs chansons en chœur n'éclairent plus que le passé. Aux vendanges, le dur travail n'empêche pas les réjouissances, cependant la main-d'œuvre

importée n'approche la vigne qu'en cette occasion et ne saurait retrouver des coutumes tombées dans l'oubli.

Si l'on ne danse plus la «Vigneronne» autour du pressoir, la dernière journée de vendanges est encore marquée par le «Cochelet» dont l'essentiel consiste en un repas plantureux, généreusement arrosé de champagne, suivi d'un bal et de farandoles nées de l'imagination des participants.

Jadis, quand le vigneron versait le raisin dans la cuve ou le vin dans la pièce, il ne manquait pas de prononcer une formule chargée de toutes ses espérances : «Saint Martin, bon vin». Ayant ainsi satisfait à sa foi, il n'hésitait pas à recourir à d'autres pratiques où la piété n'était pas en cause. Deux précautions valent mieux qu'une, n'est-il pas vrai ? Superstitieux, il plaçait donc un couteau de fer entre le bois du tonneau et le premier cercle métallique puis s'en allait, le cœur tranquille.

Les temps modernes ont également eu raison des «cavées», ces réunions de vignerons où chacun apportait sa bûche pour garnir le feu, sa voix pour des chansons, avant de partager les «queugnots», sortes de galettes, avec les amis réunis sous le signe du vin.

La Commanderie des Coteaux de Champagne. Cette prestigieuse confrérie a voué ses activités à l'éloge du champagne. Ses origines remontent au XVIIe siècle et les fondateurs, le comte d'olonne, les marquis de Saint-Evremond et de Mortemart, prêchant par l'exemple, avaient réuni autour d'eux des épicuriens notoires. On les appelait alors «les marquis friands», mais les irrévérencieux leur avaient trouvé un autre titre où se glissait peut-être un peu d'envie : «les fins débauchés». A la vérité, ils avaient en commun l'amour de la bonne vie et marquaient leur prédilection pour les vins de Champagne, ce qui leur valait, sans nul doute, une pleine absolution. Le temps passa et la confrérie ne sortit d'un long sommeil qu'après guerre, sous l'impulsion d'un vigneron de Champillon, Roger Gaucher, et de François Taittinger. A sa tête, se trouve un Commandeur qu'assiste un Conseil Magistral. Les membres les plus représentatifs en sont le Capitaine Chambellan, le Connétable Premier officier, le Grand Chancelier, le Gardien de la Constitution, etc.

Les Coteaux de Champagne se sont fixés pour objectif la propagande du noble vin, la défense de son prestige, de sa qualité, une lutte acharnée contre les malfaçons et les contrefaçons. Cet effort constant se porte aussi bien à l'intérieur qu'à l'extérieur des frontières nationales. Il est malheureusement exact que bien des mousseux étrangers se parent du nom de champagne.

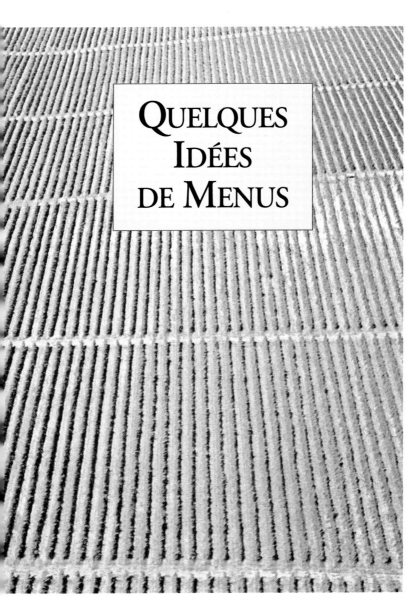

QUELQUES
IDÉES
DE MENUS

GRAND MENU
AU CHAMPAGNE

Ici, les choses sont simples : on aime ou on n'aime pas le, les champagnes. Si on les aime, on conviendra qu'ils sont seuls capables de chanter sans musique. Leur accompagnement doit seulement les mettre en valeur.

Timbale de filets de sole à la gelée
AVIZE

Truffe sous la pâte
CRAMANT

Faisan à la Bohémienne
MAREUL-SUR-AY

Cardons à la moelle
Salade Aïda
BOUZY

Biscuit glacé Lyrique
MAILLY-CHAMPAGNE

GRANDS MENUS AVEC DIFFÉRENTS VINS

Avant le dîner :
CHAMPAGNE BRUT

Foie gras en croûte
CHAMPAGNE NATURE

Soufflé de truites Beauvilliers
ENTRE-DEUX-MERS-HAUT-BENAUGE

Jambon de Prague à la Chablisienne
POMMARD

Cailles au nid
Pommes Bonne-Femme
Salades Béatrix
NUITS-SAINT-GEORGES

Gâteaux de noix
CHÂTEAU-CHALON

Médaillon de jambon Polignac
BLANC DE L'ÉTOILE

Queues d'écrevisses à la mode du couvent de Chorin
MEURSAULT

Poulet de grain Jacqueline garniture Marie-Louise
Salade Orloff
POMEROL

Charlotte Royale
QUART-DE-CHAUME

*

Salade de Homard en noix de coco
MÂCON BLANC

Timbale Sully
MARGAUX

Filet de bœuf Wellington
Salade Rachel
CHAMBOLLE-MUSIGNY

Diplomate chaud
VIN DE PAILLE

*

Langouste en Bellevue
PALETTE

Selle de chevreuil Grand Veneur
Timbales Maréchale
Salade Belle Hélène
GEVREY-CHAMBERTIN

Croûte à l'ananas
PINEAU DES CHARENTES

Table des matières

Composition-Photogravure :
Minerve Compogravure – Châtel-Censoir.